国外当代教育研究译丛

解码教育神话

JIEMA JIAOYU SHENHUA

[荷] 佩德罗·德·布鲁伊克
[荷] 保罗·A. 基尔希纳
[荷] 卡斯珀·D. 胡瑟夫　著

盛群力　徐琴美　李　艳
屠莉娅　何珊云　译

中原出版传媒集团
中原传媒股份公司

大象出版社
·郑州·

图书在版编目(CIP)数据

解码教育神话/(荷)佩德罗·德·布鲁伊克,(荷)保罗·A.基尔希纳,(荷)卡斯珀·D.胡瑟夫著;盛群力等译.— 郑州:大象出版社,2018.7
(国外当代教育研究译丛)
ISBN 978-7-5347-9831-3

Ⅰ.①解… Ⅱ.①佩… ②保… ③卡… ④盛… Ⅲ.①教育研究 Ⅳ.①G40-03

中国版本图书馆 CIP 数据核字(2018)第 126363 号

出 版 人 王刘纯
责任编辑 袁俊红 张 阳 张 欣
责任校对 李婧慧 马 宁
装帧设计 张 帆
出版发行 大象出版社(郑州市开元路 16 号 邮政编码 450044)
发行科 0371-63863551 总编室 0371-65597936
网 址 www.daxiang.cn
印 刷 洛阳和众印刷有限公司
经 销 各地新华书店经销
开 本 787mm×1092mm 1/16
印 张 16.75
字 数 212 千字
版 次 2018 年 7 月第 1 版 2018 年 7 月第 1 次印刷
定 价 42.00 元
若发现印、装质量问题,影响阅读,请与承印厂联系调换。
印厂地址 洛阳市高新区丰华路三号
邮政编码 471003 电话 0379-64606268

作者简介

佩德罗·德·布鲁伊克（Pedro De Bruyckere，1974— ），自 2001 年起在比利时 Arteveldehoge School 大学担任教育科研人员，曾经担任荷兰中学历史和地理教师，后攻读教育科学硕士。他擅长教育演说和辩论，经常揭穿教育和文化的各种神话，曾被荷兰一家刊物称为教育辩论中最具影响力的声音。

保罗·A. 基尔希纳（Paul A. Kirschner，1951— ），教育心理学教授和国际知名教学设计专家，荷兰开放大学学习、教学与技术研究中心“创设有效率、有效果、有乐趣的学习环境”项目研究主任，曾担任国际学习科学协会主席，合作编写《综合学习设计——四元素十步骤系统方法》。

卡斯珀·D. 胡瑟夫（Casper D. Hulshof，1973— ），教育科学博士，荷兰乌得勒支大学社会科学学院教师，专长是教育心理学、研究方法论和科学哲学。他在教育技术学和教育心理学方面有较丰富的实验研究经验，也是社会媒体的活跃用户，喜欢讨论科学与伪科学之间的差别，并试图弥合教育研究与教育实践之间的差距。

浙江大学中央高校基本科研业务费专项资金资助
课题“教学设计与课堂学习研究”研究成果之一
（课题号：DCL001）

中文版前言

无论何时你在写一本书的时候，很难预测会发生什么，我们写这本书就是这样。《解码教育神话》最初是用荷兰语写作出版的，读者对象主要是教师，分析了一些关于学习、教学和教育的神话。我们看到太多教师做的事情都是基于流言和谎话（有人现在称之为不同的看法，但是我们认为这是谎话），其结果毫无价值，最坏的情况下则害人不浅。我们没有想到这本书的主题和理念会吸引全世界的人。《解码教育神话》受到全世界教育工作者的欢迎，我们讨论的神话被澳大利亚、美国及亚、非、欧、南美洲国家的读者所了解。

为什么有关学习和教育的神话会如此引起全球性关注？一个原因可能是教育已经进入全球化，就像其他所有事物一样。通过对比试验，如“国际学生评估项目”（PISA）、“国际阅读素养进展研究”（PIRLS）和“国际数学与科学趋势研究”（TIMSS）的影响，教育已部分地成为全球排名和全球市场的产物。另一个原因是我们现在生活在一个超链接的世界中，能即时、不断地与他人共享信息，即使这些信息谬误百出。可能还有第三个原因，那就是虽然不同地区和国家的课程有很大差异，教育和教学的方法也不尽相同，但教育工作者面临着一个共同的任务：要为复杂的教学任务找到解决办法。要科学地检验由研究人员、教师、政治家、外行人和商业公司所提供的各种可能的解决方案是否真的合理可信，对此大多数教师根本没有时间和精力。

这本书就是想为教师、决策者、校长和家长提供了解真相的机会。本书第一版出版距今已经有 5 年了，我们一直密切关注着本书中讨论的各种不同的神话，并将在需要时更新版本。

这本书的写作及在教育界各个级别收到的几乎 100% 的积极反馈，令我们很开心。过去几年来我们也一直扮演着神话狩猎者和狙击者的角色，致力于提供有关教学的科学观念。这些观念基于科学证据（我们称之为"循证"），因为这是真正的教育进步开始和结束的地方。我们希望读者阅读《解码教育神话》时感到心情愉悦，就像我们写作时一样。我们将持续努力，直到所有的教育理论都能够合理有据。

佩德罗，保罗，卡斯珀

2018 年 1 月 30 日

前言

本书中我们将讨论关于学习和教育最流行的神话，看看哪些是事实，以及优秀的教育研究或心理研究如何解读这些神话。此类神话的事例分布很广，从学习风格到神经科学，典型的如左右脑分工和脑训计划、班级和学校应该保持多大规模、学校变革原因的解释等。本书写作风格简洁、幽默、易懂，同时全书又是在对相关实证研究进行广泛的科学评述的基础之上完成的。顺便说一句，你可知道，马斯洛（Maslow）的研究中并没有金字塔模型，美国国家培训实验室（the US National Training Laboratories，NTL）也没有任何数据支持戴尔（Dale）的学习金字塔。

本书不仅揭露了教育中的大部分神话，同时也揭示了一些被证实行之有效的学习和教育的事实。本书既不冒进也不保守，它只是尝试直接获得事实，并以从事教学和教育的工作者能理解和使用的方式呈现这些事实。

本书分为六章，其中主要内容包括在四个章节中。每一章将主要讨论一个特定的神话，分别是：“学习的神话”“大脑神经活动的神话”“教育技术的神话”“教育政策的神话”。第六章“神话还会有，牛皮总要破”将讨论为什么这些神话有如此顽强的生命力（几乎不可根除）以及击退这些神话的可行策略。

纵观全书，除“需要知道”的基本材料之外，还有“信息云”（info-clouds）和“乐于知道”（nice to know）等板块信息来丰富背景材料，此外还有其他的事实和逸事。

献 词

许多教师工作做得很好，但往往找到的理论却不靠谱。

——本书作者（Pedro De Bruyckere, Paul A. Kirschner，Casper D. Hulshof）

科学必然始于神话，同时又伴随着对神话的批判；既不是收集观察到的东西，也不是去设计实验，而是始终伴随着对神话以及魔幻的技巧与做法的批判性讨论。

——卡尔·波佩尔（Karl Popper），《猜想与反驳：科学知识的增长》（2002）

“但是皇帝什么也没有穿！”小孩子说道。

“听这纯真的声音。”他的父亲轻叹。人群中小声地传着小孩子刚才说的话。

“皇帝的确什么也没有穿！”最后所有人都喊了出来。

——安徒生（Hans Christian Andersen），《皇帝的新装》（1837）

在宗教和政治里，人们的信念和信仰几乎在所有情况下都是二手货，而且从来没验过货。人们从官方那里获得这种信念和信仰，但官方本身也没有考证过这些问题，而是从非考证者那里得到这些二手货，因此他们的观点简直是一文不值的。

——马克·吐温/塞缪尔·克莱门斯（Mark Twain/Samuel Langhorne Clemens），《马克·吐温自传》（1959）

信念再多也无法构成事实。

——詹姆斯·兰迪（James Randi），退役舞台魔术师和科学怀疑论者

致 谢

本书的上一版以荷兰语出版。本书能够顺利完成得到了许多人的大力支持。因此，我们希望能感谢以下人士（排名不分先后）：Amber Walraven，Jeroen Janssen，Jeroen van Merriënboer，John Sweller，Dick Clark，Frederik Anseel，Stijn Dhert，Wouter Duyck，Bert Smits，Tommy Opgehaffen，Erwin Taets，Martin Valcke，Dimo Kavadias，Dirk Terryn，Elke Struyf，Fredo Fredonis，the GentM-mob，Patrick Vermeren，Daniel Willingham，Donald Clark。

有趣的是，本书是一项真正“依靠推特完成的工作”（Twitter-work）。不仅三位作者的第一次见面是通过推特完成的，在后面的工作中，也同样是依靠推特作为大量信息交换与接收的主要渠道。如果有人仍然怀疑技术是否可以促进知识创新，那么我们的工作实例无疑证明了技术确实可以推动知识创新。

我们将本书献给那些一直在帮助我们每天学习的人。

佩德罗感谢 Helena，Clement，Emile 和 Remi。

保罗感谢 Catherine, Femke，Jesse，Mara 和 Aron，感谢他们始终认为追求优质教育至关重要。

卡斯珀感谢 Petra，Myrthe，Benthe 和 Jesse，感谢他们为之付出的心力。

目录

第二章　学习的神话

第一章

来一次大扫除

1 简目

引 言

我们都愿意相信确定的事实，同时我们都讨厌不确定的东西。我们相信很多事情，不同的人相信不同的事情。比如许多人相信神或是无所不知、无所不能、全能的存在，可以引领任何事情（荷兰有句谚语：信仰就是你在教堂里做的事情），这个全能的存在可能是耶和华、圣三一、佛陀、穆罕默德或是飞天意粉怪（the flying spaghetti monster①）。而其他人——人文主义者——信仰并强调人类个体和集体的价值和功能；他们也强调“人性”的一些概念。除了这些，我们肯定都相信教育。我们希望自己的孩子能够上最好的学校，且没有哪个地方能够比得上学校。这就是为什么我们一直在寻找新观点和新可能性的原因，希望能够改进现有的教育实践，帮助我们的孩子和年

①flying spaghetti monster 是美国俄勒冈州立大学物理学毕业生博比・亨德森（Bobby Henderson）于 2005 年 6 月创造的讽刺性虚构宗教。这一教派认为“飞天意粉怪”创造了世间万物。——译者注

轻人更加有效地学习。但问题是，如同宗教，不同的人有不同的信仰，教育中也存在着不同的“宗教”、信仰系统或是思想体系，它们有时意见相左，彼此抵触，甚至会由此引发“圣战”与冲突。

试想一下，明天将发布一个新的（虚构的）名字为“贡巴”（Gomba）的在线工具。它是一个网站，你可以轻松地分享你简单的手写笔记。这听起来很不错，也很有效。因此，它很快就流行起来。在你知道它之前，贡巴已经有了很多粉丝。虽然还没有“色拉布”（Snapchat）或“照片墙”（Instagram）[①]
的规模，但对于新兴企业来说，这样的业绩已经是非常不错的了。接下来会 2
发生什么？突然之间，我们开始看到许多博客的题目是：“课堂中使用贡巴的 16 种方法”或“贡巴将如何改变教育”。

我们不得不承认自己也想涉足此类事情，至少有些时候是这样的。但这些事情并不总是想当然地有积极影响。所有这些活动之下似乎都有一股暗流，一定程度上是一种恐慌（Bennett，Maton 与 Kervin 称其为“学术道德恐慌”）。在教育方面，我们感觉到，触动公众和学生正变得越来越难。正因如此，我们对市场上可能有帮助的新事物都抱有狂热的兴趣。每一个新的工具看起来都似乎是一个可能的解决方案，虽然有时候我们连问题是什么或者到底是否存在问题都不知道。

但这不仅仅只是关乎媒体和资源，也不像过去学校电视、视频节目学习的例子，它还关乎教育和教学的方法。事实上，这已经进入我们全面看待教育的核心地带。

在此期间，我们已经拥有了大量的工具、方式、方法、理论和伪理论，其中许多已经被科学证实是错误的，至多也就是部分有效。

本书的目的就是希望能为教师、学校、家长、教育委员会、教育决策者和政治家发起一场大扫除，如同“除旧迎新”一般；简言之，就是为参与教

①两款都是知名的社交应用软件。——译者注

育过程的每一个人进行这样一场大扫除。我们想要呈现的是那些最重要的神话的概观（overview）。这些神话的性质从未被证明，或是从某种情况来说只是无稽之谈。这些神话都是伪理论（有时候我们也称之为骗人的万灵油），我们几乎每天都会在书本、报纸、广播和电视上见到它们，尤其是在那些写给老师和一般大众的“科普”杂志上。此外，我们也会在教师培训项目中遇到那些神话，但最糟糕的是，我们在课堂中与其直面相见。

有时，现实的状况很微妙。不是我们在书中讨论的都是 100% 的神话或是完全谬误。因此，我们尝试着将理论放在合适的视角，从而使读者能更好地理解神话究竟是如何流行的，明白哪一部分需要避免或是保留。例如，政策制定者倾向于认为，科学证明班级规模的大小对学生的学习没有影响，而教师的观点则正好相反。相对而言，这两个观点可能都是对的，但有足够的研究表明，这两种观点都只是某些方面或只在某种情况下正确。首先值得注意的是，你从来不会听到太多关于为何大规模班级导致很小或很大差异的原因。你听到的原因也通常是一些相似的老调重弹，大多是基于逸事，或个人的经历，或通常的样子等。但你为什么很少听到这些原因？这大概是因为他们清楚你不太希望有这样大规模班级的原因。

本书中提出的一些观点具有一定的“杀伤力”。我们根据经验说话。当学习风格还没有定型，通常是无法测量的时候，我们因此认为学习风格在学习中没有多余的价值。我们总能够清楚地记得自己得出结论的时刻。说实话，当我们意识到自己不仅相信这些，并且还充满热情和奉献精神地向学生去推销这些同样虚假的神话，会觉得自己真是蠢极了。承认自己的错误是很痛苦的。所以在这一点上，要向一批批学生表达歉意，因为我们传递了错误的理论。同时，我们也要向教师道歉，因为他们不得不从这些相同的惨痛经验中汲取教训。让我们把这个称之为进步的洞察力。

教育神话最大的问题是，那些对其深信不疑的人常常会在自己每天的实践中找到足够的证据来支持他们所相信的。理由很简单，就像你买了一辆新车，突然你到哪儿都看到相同的车，往往是同一个型号，同一个颜色。其实，在你买车之前，这款车在路上就到处可见，只是直到你买了车，你才注意到它。同样的道理，我们可以很快地识别出自己所相信的那些理念的“迹象”。我们通常不知不觉地就忽略了那些不支持自己所相信的理念的经验。迈克尔·薛默（Michael Shermer）给出了三个理由：

◇模式识别：在杂乱的噪声中找到有意义模式的倾向；

◇证实性偏见：为我们所相信的寻求并找到可以证实的证据；

◇马后炮偏见：将我们已经知道发生的事情的事后解释进行裁剪。

正如约翰·哈蒂（John Hattie）谈起那些读他的长篇大作《可见的学习》有困难的人时曾敏锐地指出：

（我书中的）信息常常受到质疑，被贴上了挑衅的标签；在其他一些更加积极的反应中受欢迎，又常常被驳斥。典型的评论是：“结果并不反映我的经验”“你为什么不突出我最喜欢的方法”“你说的是平均值，而我不是平均值”和“你忽视了课堂中发生的事情的细微差别”。

这就是为什么后面的内容我们将系统地引用一些科学的文献来源，而不是传闻经验。这些传闻经验依据其定义来看，都是带有“主观色彩”的。当元研究（metastudies）可用时，我们也将提供基于元研究的观点。这些元研究将同一领域的不同研究项目的结果整合在一起。

因为在过去，我们自己也相信众多的理论，这些理论在后面的篇章中被质疑。在我们之前，早就有人批评教师、校长、家长甚至政策制定者相信和宣讲这些理论。但是，我们或多或少了解这种情况的发生：这些神话中的一些已经再次出现在新近的教科书甚至研究报告中。这些神话必须被破除。这也是我们希望本书可以做的贡献。

改变教育领域中的事物绝非易事。但我们知道这些神话是创新和变革路上的拦路石。如果你引入一些新东西，往往可以取得一些初步成功，但初步的成功是不够的。我们知道达到成功以及屡获成功的三个因素，虽然真正的实施和使用让人失望。第一个因素，在教育领域中，创新项目和创新项目的实施（该项目旨在干预最终的实施）之间存在着巨大的鸿沟。一个创新项目通常是由特定类型的团队领导者（通常是研究员）支持，为教师提供额外的支持和指导（以培训、时间和资金的形式），通常使用教师志愿者，他们往往积极活跃等。而创新项目的实施通常没有这些“额外”的福利，因此项目本身的成功并不会自然地产生制度层面上的成功。基尔希纳（Kirschner）、斯托扬诺夫（Stoyanov）、沃皮勒斯（Wopereis）、亨德里克斯（Hendriks）认为需要额外的关注和资源可以跨越项目实施的鸿沟，让项目的应用实现可扩展性、通用性、时间灵活性以及财务可持续性。

第二个因素，许多人宣称自己的研究有创新，但这常常是可笑的。那些运行项目的人常犯这样或那样的错误，比如缺乏明确可行的目标（即成功是什么，如何衡量等；参见威林厄姆 2012 年关于分辨科学的好坏的论述），比
5 如参与的调查对象或教师并非随机选择，而是由校长或志愿者选择的（明显表明调查对象并非是平均水平的教师，因此他们也不会拥有与平均水平教师相同的心态），缺失真正意义上的对照组导致无法评估实验的干预（知道某事物导致了学习的发生并不能确保该事物比常规好的教学更有效果或效率）。能反映缺失真正意义上的对照组的最佳案例，也是我们经常引用的一个研究案例，就是“基于问题学习”（PBL）和生成原有知识的重要性研究（有的研究甚至更进一步，认为基于问题的学习比常规教学更好）。一组（干预组）花时间搜集他们能想到的所有关于即将学习的主题的内容，与此同时，另一组（所谓的对照组）就一个与他们即将学习的内容毫不相关的主题生成原有知识，他们的主题与干预组不同。接下来就是见证奇迹的时刻！结论：干预组学习的效果更好。然而，这项研究真正的问题在于干预组应该和对照组比较是否学得更多，对照组可能花了相同的时间听一场与学习主题相关的优秀讲座，对照组的人可能也同样看过优秀的教学视频，以及其他条件等等。了解某事物起作用与了解干预是可以让学习更有效率、更有效果及更有乐趣的

创新，两者并不是一回事。

第三个因素被称为“霍桑效应”，就是在你尝试新的东西时，你会感觉到它的效果。这是因为你更加专注，可能会更有热情；也或许是因为你的学生很好奇甚至惊讶不已。这些都是产生短期积极效应的原因。但是一旦新东西的光环退去，新奇的价值逐渐消失，又会发生什么呢？当失望卷土重来时，你会回归“老”办法，较之从前还会更加沮丧，并且决定以后再也不要尝试新的东西。

事实上不应该称之为霍桑效应

霍桑效应得名于 20 世纪 50 年代在西部电气公司霍桑工厂（图 1）进行的实验。研究者观察奖励和工作状况对不同岗位雇员的影响，比如说，雇员是否会因为某些特定的灯光而表现更佳。这么多年，大家一直猜想产生积极作用主要是因为雇员参与这项实验的事实，而不是因为受了环境和其他因素的影响。因此，这一效应便以第一次实验的地名“霍桑”命名。几年过后，当霍桑实验的原始数据被重新分析之后，人们才意识到这一效应并非因为实验本身，产生积极效应还要归功于对自变量的控制。

图 1　霍桑工厂鸟瞰图（约 1920 年）

宣传册“霍桑工厂致力于电力设备生产”(1920 年 1 月)

来源：Western Electric Company, Chicago, IL. <http://pds.lib.harvard.edu/pds/view/ 7188058? n54>.（无版权约束）

资料来源：

[1] Izawa, M. R., French, M. D., & Hedge, A. (2011). Shining new light on the Hawthorne illumination experiments. *Human Factors*. *53*, 528–547.

[2] Jones, S. R. G. (1992). Was there a Hawthorne effect? *American Journal of Sociology*. 98, 451–468.

在本书中，我们努力想要去解决一些理论和应用存在的问题，如不正确、需要微调、不确定或没有什么积极的影响。举个例子，皮亚杰认知理论中的儿童思维发展理论现在很大程度上已被淘汰（虽然皮亚杰的同化和顺应与其图式理论仍完美契合），但是这一理论仍在发现学习的规律方面产生了重大影响，并且在课堂上一定程度地采用皮亚杰分类法确实对学习产生了长期的影响。这样做的原因在于，当我们结合具体事物学习的时候，我们可以更有效率。我们可以记住的绝大多数事物是具体的，并与情境相关联。这就是为什么你在一种情境下学到的东西，很难应用到另外一种不同的情境之下。如果你想教给某人新的东西，你最好以一些具体的例子开始，随着时间的推进，你可以慢慢增加抽象程度。这样做效果显著，因此皮亚杰并不会在本书中占据一定篇幅。

但是如果说皮亚杰的理论是需要微调的理论的绝佳范例，书中其他一些理论就比较危险了。几乎每次新的信息交流科技开始被引入教育系统的时候，我们都被政策的制定者和发起者提醒，现在的年轻人都是“数字原住民”，他们掌握了特定的知识、技能和态度，可以让这些新的应用与年轻人自身更好地结合起来（本书第四章神话 3 将会着重讨论这方面的内容）。不幸的是，甚至是在教育背景下，几乎每一个正式的研究在审视了这一观点后，都将它拒之门外。将一项政策基于一个不正确的猜测，这意味着许多新政策将有可能从一开始就在犯错。

我们常常太懒惰

人类是由习惯构成的生物。我们不喜欢改变，因为改变看起来异常不易。现实中，我们常因为太懒惰而不去改变，这一点有时也适用于科学家。在我们看来，这就是教育神话仍然存在的原因，甚至在科学作品中也一样。这里有一个典型的例子，有可能是最典型的例子了。

马斯洛金字塔是科学界最有名的金字塔之一，最初由亚伯拉罕·马斯洛（Abraham Maslow）于 1943 年提出。如果你曾经读过或听说过这个金字塔，那么就可能对图 2 中的表达形式感到熟悉。

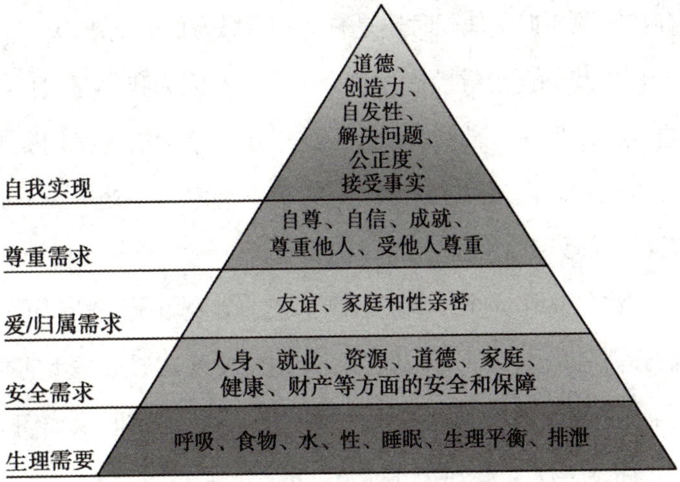

图 2　马斯洛需求层次结构图解

来源：http://commons.wikimedia.org/wiki/File%3AMaslow's_hierarchy_of_needs.svg.（作者系 J. Finkelstein，依据自由文档许可 GFDL 规定采用）

去本地的图书馆查一下所有马斯洛写的书和文章吧，你会发现根本找不到一个金字塔。事实上，马斯洛描述的是一个层次体系，他并没有将层次体系糅合到金字塔的形式中。这也许只是一个细节。1970 年，马斯洛在原有基础上增加了"认知和理解""审美"，并将体系最终拓展到七个部分，但是人们还在持续地讨论着这个五层的金字塔。

8 那么他的金字塔是正确的吗？1962年，对于人们不加疑问和批评就全盘接受其理论，马斯洛自己也感到困惑和不解：

我的动机理论是20年前出版的，之后没有人重复或检验这一理论，甚至没有人真正去分析和批判它。大家只是做了最小的修改，就去使用它，全盘接受了。

事实上，过去50年这种情况并没有发生多大改变。在教育文献中，不管是有关还是无关，你还是可以经常见到这个金字塔，同其他金字塔放在一起（我们后面会再详细讨论另一个金字塔）。不过与此同时，人们也在变得更睿智。后来人们发现了什么？这个理论是有缺陷的。比如说，有些人健康方面可能存在问题，但是他同时还是有美和智慧方面的需求。

那么为什么我们还要继续去用这个金字塔？因为我们喜欢把事情分门别类、突出重点，以保持整洁和醒目，而这个金字塔恰恰为我们提供了令人满意的清晰层次结构。但是以金字塔这种形式，也暗示了处于最下端的是最重要的，是基础，而只有很少的人可以达到塔尖。

因此，层次结构作为金字塔的表现形式，本身就是一种理论，有它自己
9 的猜想和假设。马斯洛原以为人们会利用他的发现开展进一步的研究，但是直到1970年他逝世也没有人这样做。为什么？因为有的时候我们太懒以至于不去验证事情正确与否。这种懒惰是危险的。

1970年马斯洛逝世以后，研究者使用基于态度的更详细的调查和实地研究来验证需求层次的理论。他们发现了什么？正如杰勒德·霍奇金森（Gerard Hodgkinson）就这个问题接受英国广播公司采访时说的那样：“动机的实际结构与该理论并不一致，这引发了许多探讨与争论，新的理论也就随之进化。”但是我们依旧在重复这个并不存在也未被证实的金字塔。

思维固化

我们都很反对思维固化，可实际生活中却一直重复着这个行为：把人盲目分类。接下来的篇幅里，大量思维固化的实例将接受考验。举个简单的例子，之前提到的学习风格的话题。这世上既有用左脑的理性人，又有用右脑的创意人，更重要的是，我们每个人都既有左脑，又有右脑。然而对于这一点，我们有时候总是忘得太快。

作为教育工作者，我们常常也会让别人思维固化，这其中最可能的就是在性别上说三道四了。利用现有的数据针对男孩和女孩做视角影响的研究，可以很轻松地得出结论。但是即便如此，在实际操作中仍存在一些错误的认识。例如，我们会注意男孩和女孩是否拥有不同类型的大脑，男孩是否在数学上有天生的优势。

那么思维固化的影响究竟是什么？斯皮恩（Cimpian）等人的研究认为思维固化对男孩或女孩而言，都起不到积极的作用。他们分别针对四岁和七岁的儿童进行了两个实验，观察参与的儿童被告知任务的成功完成依赖于成为特定社会群体的一员时，对任务的执行产生什么影响。例如告诉他们“男孩在这项任务上做得比女孩要好”。最后的结果竟是，如果你宣称其中一组（男孩）在特定任务上有更好的表现，那么两组（男孩和女孩）最终的表现实际上都会出现下降的现象。总体上说，这个结论也可能适用于另一个社会群体“年轻人”。

我们的教育观念 10

我们的目的并不是编写一本反对和抵制创新的书。恰恰相反！我们反对为创新而创新，但是极力支持寻找更多方法来帮助学习者学得更快（即让学习过程更有效率）、学得更多（即让学习过程更有效果）以及学得更有乐趣（即使学习过程更让人享受），与此同时，达到这三者中任意一个都不会损害另外两个。我们将上述的目标称为“3E”，即有效率、有效果、有乐趣（effective，efficient and enjoyable）。你可以认为我们试图让“3R”（阅读、写作和算术）以及学校的其他科目更“3E”！我们坚定地认为，在学习过程中达到“3E”也可以让教师在教学过程中收获“3E”。

虽然有很多专家赚了不少钱，也花了很多时间做这件事，但是在我们看来，试图将教育世界分为“更进步”和“更传统”两种趋势无疑只是浪费时间。玛格丽特·布朗（Margaret Brown）发表了一篇研究综述，试图找出进步和传统的方法哪种更有利。她遇到的第一个问题就是应该如何确切定义这些术语。从另外一个方面说，布朗发现根本没有任何资料可以表明在教育中选择一种极端进步或极端传统的风格是一件好事情。她将之总结为，这两种极端的对抗广泛出现在政策层面的教育思想家中，而对于课堂上的教师来说，最重要的事情就是如何在这两种方法之间寻找平衡。

我们不打算去证实或破坏特定的学习理论和知识理论。

许多国家和地区当前教育政策的模式是“社会建构主义”。这个模式主要关注人在彼此合作（社会交往）中自己构建知识的途径（建构主义）。这种哲学（之所以用哲学而非教育学并不是无意的；建构主义认为我们基于过往生活的经验来建构现实，这是一种哲学而非教育学）理念的核心是认为我们必须将儿童置身于一个学习环境中，在那里他们可以主动地为自己获取知识。因为我们都有自己对现实的主观感知，让儿童在一起合作也很重要，因
11 此儿童可以分享真理。团队合作、问题导向的教育、真实任务和情境的重要性，所有的这些都是社会建构主义的重要元素。

当然，也有其他的模式，比较知名的便是“行为主义”和“认知主义”。行为主义认为目标的重要性影响力依然强大。这种影响在奖励和惩罚（尤其是惩罚儿童）的使用上体现得淋漓尽致。这个理论有时也负面地和所谓的“训练—实践”法联系在一起，“训练—实践”法时至今日仍被视为学习字母表、

乘法口诀表等内容的最佳方法。即便如此，行为主义的方法，例如通过一套有针对性的奖励系统在“课堂中维持秩序”仍然十分有效。认知思维则教给我们“区分”的重要性，因为它不仅促使我们思考人需要“学什么”，还让我们思考“如何学”。一些早期的认知主义观点今天仍然有效，但是其他的观点在本书中可能就要被废弃了。

你可能已经注意到我们从何处开始了，我们批判地看待上述三种理论。如果非要在它们之间做出选择的话，我们只好选择与新认知主义为伍。以最新的神经科学发现为支撑的认知心理学为教育提供了源源不断的新观点，可以帮助我们构建术语，虽然神经科学也在为新的神话提供土壤。

说到这里，有可能每一个教育理论，在接下来的篇幅中，不管是全部还是部分都或多或少会有所涉及。了解我们的人也知道，近年来，我们投入了大量的时间和精力向教育系统引进新的技术与方法。这就是我们为什么对该领域的方法持批判性态度的原因。

当你读完这本书，如果你指责我们坏心眼或是报复心强的话，说实话，我们承认你说的或许有几分道理（这样或那样，至少有点道理），但有一点必须承认，在撰写本书的过程中，我们时不时地会感受到一丝邪恶的快乐，就如同那个敢于向大众大叫国王其实没有穿衣服的小孩一样。

一文不值

马克·吐温（Mark Twain）在谈到宗教和政治的时候悲叹道：“在宗教和政治里，人们的信念和信仰几乎在所有情况下都是二手货，而且从来没验过货。人们从官方那里获得这种信念和信仰，但官方本身也没有考证 12
过这些问题，而是从非考证者那里得到这些二手货，因此他们的观点简直是一文不值的。”

如果我们用“教育和教育政策”来替换上述的“宗教和政治”的话，我们仿佛看到了我们当下所处的不幸局面及造成这一局面的原因。我们听到了很多观点，教育中什么是错的，需要做什么来纠正这些错误，以及为什么是这样。很遗憾，许多观点只是基于信仰，而非科学。有些观点已经成为深入人心的都市传说，被广大的教学设计者、课程改革者、政客、学校行政和咨询集团所利用，他们竞相展示自身如何具有创新精神以及紧跟时代步伐。

奶油蛋糕

伍迪·艾伦（Woody Allen）导演的《沉睡者》，背景设在了 2173 年。电影中，科学家惊讶于生活在 20 世纪末的人们认为奶油蛋糕对健康有害，而 22 世纪的科技只看到了其独特的营养价值。

下面这件事同样有可能发生，在 2035 年的虚拟杂货拍卖活动中，有人看到这本书，并断断续续地看了一些，笑着问作者他们为何如此天真。因为我们也没有水晶球，我们也无法预测书中的观点哪些会被证明是正确的。但是既然我们都在等待着去发现，还是建议尽可能不要吃太多奶油蛋糕。

亲爱的专家……

这是一本为所有身处教育中或关心教育的人编写的书，而非为专家特别撰写的。我们特意选取简单易懂的风格，每个章节最后还有专业性质的参考资料。我们所做的这些都是让这本书尽可能地更具可读性。不得不说，我们探索的各个主题大家也都在讨论。我们不会假装自己的书包罗万象，但是我们想为读者尽可能地展示一些细微的差别。正如你读过的许多书和文章中着重描写的那样，我们认为这些差别对于理解重要的争论非常有必要。这些争论可以佐证我们的观点。

许多研究人员参与了这本书的校对，所有未被发现的不准确之处或错误和他们没有关系，完全都是我们编写者的责任。平心而论，我们希望任何错误都将是最小的，而且不要太糟糕，比如说这句话最后没有一个完整的结束标志（句号）

神话	需要微调	未经证实
:-\	:-|	:-?
表述是不全正确的，或是几乎全部不正确的，或是没有根据的	主题仍属于讨论的范围，科学还没有提供充分的证据来证实	我们，强调一下是“我们”，在撰写本书过程中未发现科学的证据

教育研究中的众生相

阅读本书的过程中，你也许会发现大量你以前从未听说过的教育研究领域的专家名称交错其间。正是因为这个缘故，你会发现下面这个概要很实用。不过要记住，这个概要可远远谈不上全面。我们每个人都在以一种或多种方式，处于教育之中。

◇教育理论家（Educational theorists）：教育理论是试图描述教育和商业社会中学习、教学和发展过程的科学。因此这类科学家主要在改进教育体系和培训项目上贡献自己的力量。当你阅读后面的“学习效能”部分的内容时，教育理论家会扮演比较重要的角色。

◇教育学家（Pedagogues）：教育学是教育的科学和艺术。教育学的实践者被称为教育学家（由希腊语“引导儿童”字面翻译而来，最初是用来描述那些护送儿童上学的人）。教育学主要研究成年人（父母、教育工作者和教师）是如何有目的地引导儿童和年轻人成长的。更具体地说，在教育领域，教育学主要研究教育方法，包括确立目标以及实现那些教育目标的最佳方法。通常来讲，教育学家比起教育理论家更深入教育中的“为什么”层面（亦见“伦理学家”）。

◇比较教育学（Comparative pedagogy）：专攻比较教育学的人与教育学家紧密相关，但人数相对较少。他们是不同国家和地区教育体制比较方面的专家。现如今，此类工作常由教育社会学家或组织机构以媒体的方式代劳，这些组织包括经济合作与发展组织（OECD）、国际学生评估项目（PISA）、国际教育成就评价协会（IEA）以及国际数学与科学趋势研究（TIMSS）等。

◇教学设计者（Instructional designers）：这些是设计和开发学习经验方面的专家。梅里尔（Merrill）及其同事在 1996 年将教学设计者定义为创造“教学经验的实践，让知识和技能的获取更有效率、更有效果以及更有吸引力”。

◇教育技术专家（Educational technologists）：他们专注于分析、设计、开发、实施和评估学习过程和学习工具，以此来提升学习。

我们还没有说完！接下来还有：

◇教育社会学家（Educational sociologists）：主要研究决定年轻人受教育机会的教育结构及教育过程。

◇经济学家（Economists）：今天的教育不可避免地在经济方面产生影响，因此经济学家也有一定的话语权。值得一提的是，作为经济组织的 OECD（经济合作与发展组织）通过 PISA（国际学生评估项目）也引发了很多教育思考。

◇伦理学家与德育专家（Ethicists and moral scientisits）：属于哲学的分支，主要就某些行为的是非提出批判性意见。在广义的层面上，伦理学试图确定一个判定是非的评估标准，以便进一步评价这些行为的动机和后果。

◇认知心理学家（Cognitive psychologists）：认知心理学是心理学大家庭的一个分支，主要研究人们的学习方式。为了完成这一目标，他们主要专注于包括理解、知识、记忆、信息回忆、信息加工以及问题解决等在内的心理过程。在本书中，认知心理学家的观点至关重要。

◇学习科学家(Learning scientists)：他们致力于学习科学的跨学科领域，研究“人类如何进行独立学习和合作学习，以及不同社会和组织机制与新的学习环境设计能如何有效地促进学习”（引自“国际学习科学学会的使命宣言”）。

◇神经科学家（Neuroscientists）：他们主要致力于神经科学领域及其相关子领域的研究。神经科学在生活中十分广泛，主要研究神经系统的各个方
面。目前神经科学在教育领域主要局限于大脑研究，大脑不同区域之间的联 15
系及它们与学习之间的关联。一些诸如神经成像（磁共振成像）、脑电图以及大脑深度刺激等技术经常应用于该领域。

◇研究转化者（Research translators）：这是一些经常阅读科学期刊上的论文，同时致力于将科学研究成果转化为实践方案的人。由于在运用不同语言进行沟通的人之间，也就是在科学研究和实践应用之间架起了桥梁，所以，他们为研究实现了重要增值。

谈到教育，认为科学家永远具有最终发言权的想法很不实际。在西方世界，政客才是基于研究结果和社会争论去做最终决定的人。因此，所有其余的人都参与了讨论过程，包括不同的政策制定者（不仅仅是政客和政治体制下的组织，还包括大学、大学的学院以及其他学术群体的领导）、校长、教师、教师代表（包括工会）、出版人、家长、家长委员会，以及位列最后但同样重要的学生和已经告别青春年华的学生。

参考资料：

[1] Bennett, S., Maton, K., & Kervin, L. (2008) The “digital natives” debate: A critical review of the evidence. *British Journal of Educational Technology*, 39, 775−786.

[2] Brown, M. (2012). Traditional versus progressive education. In P. Adey, & J. Dillon (Eds.), *Bad education* (pp. 95−110). Maidenhead, UK: Open University Press.

[3] Cimpian, A., Mu, Y., & Erickson, L. C. (2012). Who is good at this game? Linking an activity to a social category undermines children’ s achievement. *Psychological Science, 23*, 533−541.

[4] Clark, D. (2012,April 27). Maslow. Retrieved June 30, 2014, from <http://donaldclarkplanb.blogspot.be/2012/04/maslow-1908-1970-hierarchy-of-needs-5.html>.

[5] Eaton, S. E. (2012). *Maslow’ s hierarchy of needs.* <http://drsaraheaton.wordpress.com/2012/08/04/maslows-hierarchy-of-needs>

[6] Hattie, J. A. (2009). *Visible learning: A synthesis of over 800 meta-analyses relating to achievement.* London: Routledge, Taylor & Francis Group.

[7] Johnson, S. (2005). *Everything bad is good for you: How today’ s popular culture is actually making us smarter.* Grand Rapids, MI: Riverhead Publishing.

[8] Kirschner, P. A., Stoyanov, S., Wopereis, I., & Hendriks, M. (2005). *Determinants for failure and success of innovation projects: The road to sustainable educational innovation.* Heerlen, The Netherlands: Open Universiteit.

[9] Kremer, W., & Hammond, C. (2013, August 31). The pretty pyramid that beguiled business. Retrieved June 8, 2014, from <http://www.bbc.com/news/magazine-23902918>.

[10] Maslow, A. H. (1943). A theory of human motivation. *Psychological Review,*

50, 370–396.

[11] Maslow, A. H. (1954). *Motivation and personality.* New York: Harper & Brothers.

[12] Maslow, A. (1971). *The farther reaches of human nature.* New York: Viking Press.

[13] Maslow, A. H., Lowry, R., & Maslow, B. G. (1979). *The journals of A. H. Maslow.* Monterey, CA: Brooks/Cole.

[14] Merrill, M. D., Drake, L., Lacy, M. J., Pratt, J., & ID2 Research Group (1996). Reclaiming instructional design. *Educational Technology*, *36*(5): 5–7.

[15] Seels, B., & Richey, R. (1994) *Instructional technology: The definition and domains of the field.* Washington, DC: Association for Educational Communications and Technology.

[16] Shermer, M. (2011). *The believing brain: From ghosts to gods to politics and conspiracies—How we construct beliefs and reinforce them as truths.* New York: Times Books.

[17] Steinberg, L., & Morris, A. S. (2001). Adolescent development. *Annual Review of Psychology, 52*, 83−110.

[18] Tay, L., & Diener, E. (2011). Needs and subjective well-being around the world. *Journal of Personality and Social Psychology, 101*, 354−365.

[19] Thalheimer, W. (2015, April 6). *Why the world needs research translators.* Retrieved April 11, 2015 from <http://www.willatworklearning.com/2015/04/why-the-world-needs-research-translators.html>.

[20] Twain, M. (2010). *Autobiography of Mark Twain, the authentic original version.* Lexington, KY: Seven Treasures (Original work published 1910).

[21] Wahba, A., & Bridgewell, L. (1976). Maslow reconsidered: A review of research on the need hierarchy theory. *Organizational Behavior and Human Performance, 15,* 212–240.

[22] Willingham, D. T. (2009). *Why don't students like school? A cognitive scientist answers questions about how the mind works and what it means for the classroom.* San Francisco, CA: Jossey-Bass.

[23] Willingham D. T. (2012). *When can you trust the experts? How to tell good science from bad in education.* San Francisco, CA: Jossey-Bass.

第二章

学习的神话

17

简目

引 言 18

我们到学校去学习，但是关于学习，我们确切知道些什么呢？我们在日常生活中，要怎么应用我们所知道的东西呢？在第一个系列的神话中，我们将看到一些关于"我们究竟如何学习或不学习"的流行（换句话说，顽固并且非常持久的）观点。我们要讨论两方面的内容。

第一个方面是与学习相关的"理论"。这方面的一个例子就是关于学习风格、工作方式、知识与问题解决的所有文章。我们会讨论以下问题：是否存在不同的学习风格？是否有不同的工作方式可以让我们学得更多或更少？我们也会涉及"我们需要学习什么样的知识"这一问题。换句话说，既然现在我们能够在网络上查阅一切信息，求知问学还真的有必要吗？解决问题的最好方式是学会解决问题吗？以上这些疑惑将会在第一组12个神话中具体加以讨论。

第二个方面与人们（如指研究者和教师，也包括政治家、管理者、咨询者等）用来为自己的行为辩护的范式有关。三种最盛行的范式是行为主义范式、认知主义（也常被称为授受主义）范式和建构主义（以及它的分支，社会建构主义和结构主义）范式。在讨论神话之前，我们先花点时间在这里讨论一下"范式"问题。我们之所以反对这种僵化分类的做法有三个原因。

第一个原因是，这种思维方式倾向于把人分开并划分到不同的阵营里选边站队，要么支持要么反对，这样就导致了教条主义的增长和学术战争的爆发。这是教育最不需要的东西。第二个原因是，至少有三分之二的思想流派是如此接近，以至于要做出区分简直是奇怪、荒谬的。如果我们仔细审视认知主义和建构主义，我们会有如下发现：

◇建构主义是一种世界观。它声称我们都是根据自己的知识和经验来建造每一个人独特的现实世界。一个认知主义者，如果这样的人真的存在，也会说每个人都是依据先前的知识和新的学习经验来构建自己的图式的。

◇早期建构主义者，依据术语和理论派别来表达各自的教育理论，例如

"情境认知"（Brown，Collins，Duguid）、"认知学徒"（Collins）和"认知弹性"（Spiro, Coulson，Feltovich，Anderson）。

◇建构主义的"大师"，例如皮亚杰（Jean Piaget，即同化和顺应 = 添加、调整和重建）和维果斯基（Vygotsky，例如，认知的发展源于语言的内化），最早被视为认知心理学家。

19 最后，认为一种范式对于达成有效率、有效果又有乐趣地学习这一目标就足够了的想法，就和认为只有一种最好的烹饪方法一样荒谬。顶级大厨会利用各种各样的技巧（例如烘烤、油炸、冷冻）、工具（削皮刀、蒸汽烤箱、搅拌机）和材料（蔬菜、肉类、香草、调料）来烹制既适合食客又适合用餐场合的美食。在我们看来，一个教育设计师或者教师应该像一个顶级的厨师那样工作，并应当被认为是一个顶级的教育厨师，不应该受其在艺术和科学上实际成果的限制。

在你将要阅读的部分里，那些对教育抱有负面信念的读者（例如那些认为教学这个词是一个诅咒的人），可能会找到一两个似乎是反对改变或者支持无聊的课程，又或者不考虑学生之间的差异的理由。而事实完全不是这样的。如上所述，一个好的教师会基于一组不同的因素，精心选择不同的工作方式来办事。在某种程度上，这可能是个人的偏好，但是考虑学生的初始起点也是非常重要的。我们会证明，学习风格是无稽之谈，但是这并不能说明学生在兴趣上没有差异。我们也会质疑特定工作方式的适宜性，但这也不意味着这些工作方式在其他场合或者用于其他目的时是效果不佳的。一个真正的教育专家知道，对于学习者和学习小组来说，不存在"放之四海而皆准"的做法。

参考资料：

[1] Anderson. R. C. (1977). The notion of schemata and the educational enterprise. In R. C. Anderson, R. J. Spiro, & W. E. Montague (Eds.), *Schooling and the*

acquisition of knowledge(pp. 415−431). Hillsdale, NJ: Lawrence Erlbaum Associates.

[2] Brown, J. S., Collins, A., & Duguid, P. (1989). Situated cognition and the culture of learning. *Educational Researcher*, 18(1): 32−42.

[3] Collins, A. (1988). *Cognitive apprenticeship and instructional technology*. Cambridge, MA: BBN Labs (Technical Report No.6899).

[4] Rumelhart, D. E., & Norman, D. A. (1978). Accretion, tuning, and restructuring: Three modes of learning. In J. W. C. R. Klatzy (Ed.), *Semantic factors in cognition*(pp. 37−53). Hillsdale, NJ: Erlbaum.

[5] Spiro, R. J., Coulson R. L., Feltovich, P. J., & Anderson, D. K. (1988). *Cognitive flexibility theory: Advanced knowledge acquisition in ill-structured domains*. Champaign, IL: University of Illinois, Center for the Study of Reading (Technical Report No.441).

[6] Vygotsky, L. S. (1962). *Thought and language*. Cambridge, MA: MIT Press.

[7] Vygotsky, L. S. (1987). *Mind in society: The development of higher psychological processes*. Cambridge, MA: Harvard University Press.

[8] Vygotsky, L. S. (1987). Thinking and speech. In: R. W. Rieber, & A. S. Carton (Eds.), *The collected works of L. S. Vygotsky, Volume 1: Problems of general psychology* (pp. 39−285). New York: Plenum Press (Original work published 1934).

神话 1 学习风格不尽相同

每个人都不尽相同，所以我们的学习方式也不同。这是一个很难否认的事实。正因为如此，对于很多老师来说，一些人倾向于用视觉学习，另一些人倾向于用听觉学习，还有人倾向于通过动觉学习，这个观念看起来在直觉上是正确的。我们都知道，有一种类型的学生，他们需要听到所有的东西（听觉型风格），这和那些通过将事物与一个动作联系起来进行记忆的人（动觉型风格）形成了鲜明的对比。同时，那些倾向于通过视觉方法学习的人，也与那些倾向于在想象中思考的人形成了鲜明的对比。

问题?

那么，这里有问题吗？对这个问题的回答是：是的！这个问题有两个方面。第一，在某人说的自己喜欢的学习方式和真正引导其学得更好的学习方式之间，有巨大的差异。现在让我们回到食物上来举例。没有人（我们希望如此）会质疑、否认、混淆人们喜欢吃什么和什么对他们有益。如果是这样的话，在发达国家，就不会有这么多超重、肥胖和病态肥胖以及所有与之相关的健康问题。大多数人偏爱富含热量（例如高脂食品）、过甜或者过咸的食物，并且在我们的社会里，这些食物是较容易获得并且相对便宜的。但是脂肪、糖和盐对我们来说并不是最好的食物，所以对于学习来说也是这样的。

1982 年，在对利用学习者的偏好来挑选特定教学方法的研究的元分析中，克拉克（Clark）发现，学习者的偏好与学习和学习效果呈显著的不相关或者负相关关系。也就是说，那些宣称自己喜欢特定的教学技巧的学习者，并不会从真正这种教学方法中获益。正如克拉克后来所解释的，这里可以发现通常所说的“学习死亡区”（mathemathantic）效应（来源于希腊语的 mathema——学习，和 thanatos——死亡）；也就是说，当教学方法和一个受偏爱却无效果的学习风格相匹配时，“教”会扼杀“学”。因为孩子喜欢，便给他们吃很多糖和喝软饮料，就是一个不良营养实践的例子，就像提供受 21 偏爱但却无效果的学习风格是一个不良教育实践的例子一样。

正如基尔希纳(Kirschner)和范梅里恩伯尔(van Merriënboer)提到的，第二个问题涉及“学习风格”这一概念本身。大多数所谓的学习风格都是基于各种类型的。他们将人分成不同的群体。然而，“人以群分”这一假设，在实证研究中很少得到支持，例如，德鲁克曼(Druckman)和波特(Porter)。这种对学习者的归档至少存在三个问题：大多数人并不适合一种特定的风格(例如，人与人之间大多数的差异，尤其是在认知上的差异，是逐渐形成的，而不是一开始就泾渭分明的)；用来将人指派到不同风格的信息往往是不准确的(例如，最经常使用的是自我报告测量，但是用这样的自我报告来评估学习风格的准确性也是大有问题的)(Veenman，Prins，Verheij)；存在太多不同的风格以至于将特定的学习者与特定的学习风格联系起来会变得十分麻烦。[科菲尔德(Coffield)、莫塞利(Moseley)、霍尔(Hall)和埃克尔斯通(Ecclestone)描述了71种不同的学习风格，如果采用二分法的话，会产生 2^{71} 种学习风格的组合——比地球上所有的人口都要多的学习风格组合]

而如果我们将所有这些困难放在一边，那么问题就是，如何根据特定的学习风格来调整教学。而这就是学习风格假设发挥作用的时候了(Pashler，McDaniel，Rohrer，Bjork)。对于一个真正的学习风格来说，当A类型的学习者用A教学方法能学得更好，而B类型的学习者用B教学方法能学得更好时，这里应该有一个交互作用。这里有一个例子：范梅里恩伯尔比较了一个强调编写程序代码的生成编程教学法(即冲动型学习风格)和一种强调学习和完成给定代码的补全教学法(即反思型学习风格)。当反思型学习者比冲动型学习者在补全教学法上获益更多时，对于两种类型的学习者来说，补全教学法要比生成编程教学法更好。因此，虽然研究可能会显示所谓的学习风格和特定的教学方法之间有相互作用，但是它们并没有实际的教育意义，因为只有交叉互动才能够为学习风格提供可接受的证据。

一个众所周知且经常被使用的方法是，将人们分类为思考者、实践者、梦想者和决策者。这个分类系统被称为“库伯量表”（Kolb inventory），而它的理论基础被称为“体验学习”（experiential learning）。不幸的是，验证体验学习和学习风格的尝试并没有取得真正意义上的成功。例如，1994 年，在一个对 101 个利用库伯量表进行定量研究的元分析中，伊利夫（Iliff）报告说只有很低的相关性（小于 0.5）和弱（0.2）至中等（0.5）的效果量。因此，结论是，这些数据的效果量没有达到在教学或培训中支持使用该量表或体验方法的预测效度。同样地，鲁布尔（Ruble）和斯托特（Stout）得出结论，这个量表重测信度较低，而且在本应该与学习风格的分类相关的因素之间，只有一点相关或者没有相关。这方面还存在很多相似的量表，每个都有其不能成立的地方，而这却成为这样一种理念的基础：学校、家长、教师和公司继续认为如果我们使教育适应学习者使用的或者他们偏爱使用的学习风格，他们就能够学得更好。

这是一个特别顽固的神话。罗勒（Rohrer）和帕施勒（Pashler）进行了如下总结：在教育中，学习风格这一方法广泛流行，但在使用上缺少可信的科学证据，这一点十分显著且令人强烈不安。问题是，为什么会出现这样的情况呢？

首先，我们喜欢识别自己和他人，并把我们自己和他人归在不同的类别或者群体里。库尔特·冯内古特（Kurt Vonnegut）在他 1963 年出版的书《猫的摇篮》中将这比喻成是一个“格兰法龙”（granfalloon），即一个组织或社会团体，虽然声称是基于共享，但最终却是一场虚假的承诺。我们使用这种分类，以帮助自己为经常混乱的环境带来秩序，并让我们以快速的、通常是不可靠的方式来理解彼此。

其次，这种盲目归类对我们很有吸引力，因为它使得“每个学习者都是独特的，学习者之间的不同应该被认识和关注”这一理念得以传播。这是一个令人宽慰的想法，因为只要根据不同的学习风格来教学，“所有人都有潜力进行高效和轻松的学习，只要教学方法是适合其个人学习风格的”（Pashler 等）。

再次，可能是一个愤世嫉俗的理由，使用学习风格的概念让学习者和家长都可以把任何失败归咎于工业时代的教育体系与学习者特定素质的不匹配，而不是他们自己造成的。我们经常听到如下的抱怨：“你怎么能指望我/我的孩子学得好并获得好成绩？我/他是整体学习者，重视觉学习，等等，但是课程却是分散的，重语言的，等等。”换句话说，将学习的失败归因于教师、学校或教育学没有好好接纳和利用与个人自我诊断的学习风格相匹配的教学方法，这是一种不错的套路。

最后，根据坦纳（Tanner）的看法，人们对学习风格的广泛接受是因为 23
它们看起来和元认知的概念很像（例如，我们怎么来思考自己的思维）。在坦纳的研究里，她促使学生去反思自己是如何准备考试的（他们的学习是成功的还是失败的）来作为一种帮助自己监控学习的方式，并最终为下一次考试进行更加有效的学习。她发现让学生描述哪些策略有用、哪些没用改善了他们下一次学习备考的效果。不幸的是，尽管将元认知活动整合进课堂得到了大量研究的支持，但是学习风格却并没有得到相应的支持。

不仅如此，学习风格理论是基于这样一个前提：事物的组织方式或者你思考事物的方式决定了你学习的速度和轻松程度。但是，丹尼尔·威林厄姆（Daniel Willingham）已经指出，这并不是人脑运作的方式。尝试着去想象一下一只德国牧羊犬的耳朵，有很大的可能是你现在正在想象一只狗的形象。但是如果现在我们让你在脑海中想象你最好的朋友的声音，有相同的可能性，这次你没有看到朋友的形象，而是在脑海中听到了他或她的声音。然后我让你想象一些包含着动作的事，那么在你这个年纪，想象你是如何系鞋带的，这应该不会出现问题。换言之，我们每个人都一直在用不同的方式来思考不同的事。但是，我们还要了解更严肃的教训。想象一下，有一个视觉型学习者和一个听觉型学习者。你先读了一组词语，然后展示了一组图片。你可能会认为，听觉型学习者记忆被读出来的词语会比记忆图像表现得更好，而对于视觉型学习者来说正好相反。但是事实却不是这样的。这并不意味着有些人在记忆图像上表现得不太好，当他们需要记忆，比如说建筑物或者地图时，这可能是有用的。只有很少一部分人会有真正的问题。即使是听觉型学习者也可以很好地使用地图而不会遇到什么严重的困难。

当你让一个人去记忆什么东西的时候，他们听到什么或者看到什么真的不是一个问题；这是一个关于“意义”的问题。而“意义”不正是我们在学校里主要学习的东西吗？如果不是这样，一个视觉型学习者在数学课上可能只记得符号，而不知道 $(a+b)^2=a^2+2ab+b^2$ 真正的含义。

所以，你应该根据学生的学习风格来调整你的课程吗？几乎不存在不
24 同学习风格归类的科学证据，也没有证据可以证明它们在课堂里的附加值。但是这意味着所有的学生都是一样的，并且应该被用同样的方式来教导吗？不是！我们真正的意思是，学习风格并不是一种教学理论，也不该被当作教学理论加以对待。不同的学习者对待不同的事物有不同的方式，一个好教师，就像一个好厨师，应该知道如何让学习者通过取长补短的方式来优化这一点。

正如帕施勒（Pashler）和他的同事所说的，事实上被支持的是“一个热衷于出版学习风格测试和指南的繁荣产业”和“为教师和教育者提供专业发展的工作坊”。成千上万种关于学习风格及其在教育中的应用的文章和书籍已经发表和出版。另外，正如基尔希纳（Kirschner）和范梅里恩伯尔（van Merriënboer）提到的，如下行业具有难以置信的高利润：（1）售卖测量指导书，来帮助教师诊断学生的学习风格；（2）组织工作坊或者会议，为教师提供信息并培训教师如何去调整教学以适应学生的学习风格。

在运动中学习

很多已有的研究表明，运动和学习之间有正相关。人们发现身体活动会促进大脑中积极的结构改变，比如神经发育（神经形成）、血管的形成与分化（血管生成）和改善的连通性（Thomas，Dennis，Bandettini，Johansen-Berg）。这些身体活动对大脑的积极影响被认为会提高学习成绩。例如，很多研究表明，那些在运动上花更多时间的儿童，比那些在运动上不积极的儿童在学习上有更好的成绩（Fedewa，Ahn）。这些结果似乎对所有儿童都适用，而不是只对那些动觉型学习风格的学生有用。例如，发展心理学家约翰·贝斯特（John Best）实施了一项实验来调查“运动游戏”（图 3）对大脑的影响。他让 33 个儿童参与不同程度的身体活动和认知活动（智力挑战）游戏中。他研究了这

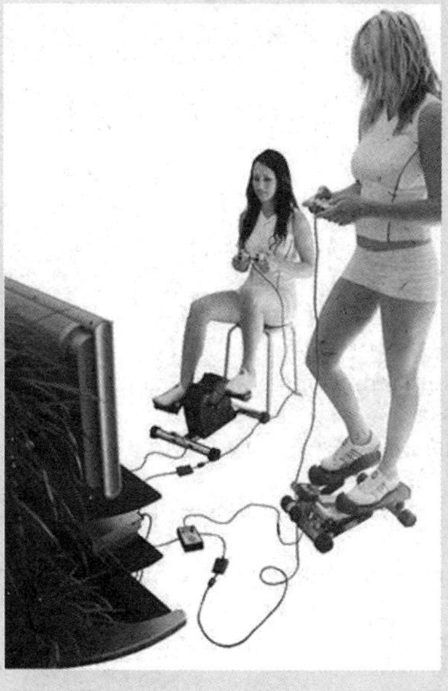

图 3　运动与学习

来源：这张照片最初被发布在 Flickr.com 上，2008 年 7 月 20 日 9 点 24 分上传。

原始地址：http://www.flickr.com/photos/13139702@N05 /2038082937

些游戏对参与者大脑的执行功能——高级控制功能的影响。结果显示，认知活动没有产生影响，但是身体活动确实产生了影响。儿童在参与身体游戏后比参与认知游戏后，能够更快地解决问题。他得出结论，通过
25 运动游戏，比起看一个教育视频，儿童能够“学习”更多（意思是能够更有效地使用他们大脑中的高级部分）。他用生理兴奋来加以解释，生理兴奋保证了大脑更多地关注于运动功能的协调。

这不仅仅只适用于儿童。例如，高（Gao）和万迪克（Mandryk）发现仅仅是随意的运动游戏（10 分钟或者轻度锻炼），比起只看同样的游戏却不锻炼，也能在需要聚焦和集中注意力的认知测试上有明显的益处。马约（Maillot）、佩罗特（Perrot）和哈特利（Hartley）发现运动游戏显著提高了老年人在执行控制和处理速度功能上的认知测试成绩。在我们这个老龄化社会里，这是一个重要发现！

我们随后会在本书中指出，当你以这种方式提及大脑活动时，你需要十分小心。即使如此，一项最佳的研究也是非常有趣的。它不仅体现了游戏的积极作用，也强调了体育锻炼对儿童的重要性。它不仅仅能对抗超重和肥胖，还能够促进人们的学习。

26 资料来源：

[1] Best J. R. (2012). Exergaming immediately enhances children’s executive functi. *Developmental Psychology*, *48*(5), 1501−1510.

[2] Fedewa A. L., & Ahn, S. (2011). The effects of physical activity and physical fitness on children’s achievement and cognitive outcomes: A meta-analysis. *Research Quarterly for Exercise and Sport*, *82*, 521−535.

[3] Gao, Y., & Mandryk, R. L. (2012). *The acute cognitive benefits of casual exergame play* [Austin, Texas, USA (pp. 1863−1872)]. *CHI’12: Proceedings of the 30th international conference on human factors in computing systems*. New York: ACM

Austin, Texas, USA (pp. 1863−1872).

[4] Maillot, P., Perrot, A., & Hartley, A. (2012). Effects of interactive physicalactivity videogame training on physical and cognitive function in older adults. *Psychology and Aging*, *27*, 589−600.

[5] Thomas, A. G., Dennis, A., Bandettini, P. A., & Johansen-Berg, H. (2012). The effects of aerobic activity on brain structure. *Frontiers in Psychology*, *3*, 86.

神话 :-\

虽然很吸引人，但是并不存在牢靠的证据来显示接纳所谓的学习风格在教育和教学设计中有任何益处。可能的情况是，如果信其有，管理者、教授、教师甚至学习者都会对学习过程和教育与教学的结果产生负面的影响。

参考资料：

[1] Clark, R. E. (1982). Antagonism between achievement and enjoyment in ATI studies. *Educational Psychologist*, *17*(2), 92−101.

[2] Clark, R. E. (1989). When teaching kills learning: Research on mathemathantics. In: H. N. Mandl, N. Bennett, E. de Corte, & H. F. Friedrich (Eds.), *Learning and instruction: European research in an international context* (Vol.2, pp. 1−22). London: Pergamon.

[3] Coffield, F., Moseley, D., Hall E., & Ecclestone, K. (2004). *Learning styles and pedagogy in post-16 learning: A systematic and critical review.* London: Learning and Skills Research Centre.

[4] Corbelis, M. C. (2012). Educational double-think. In S. Della Sala, & M. Anderson (Eds.), *Neuroscience in education* (pp. 222−229). Oxford: Oxford University Press.

[5] Druckman, D., & Porter, L. W. (1991). Developing careers. In D. Druckman, &

R. A. Bjork (Eds.), *In the mind' s eye: Enhancing human performance* (pp. 80–103). Washington, DC: National Academy Press.

[6] Geake, J. (2008). Neuromythologies in education. *Educational Research, 50*, 123–133.

[7] Hattie, J. (2009). *Visible learning: A synthesis of over 800 meta-analyses relating to achievement.* London: Routledge.

[8] Iliff, C. H. (1994). *Kolb' s learning style inventory: A meta-analysis*. Unpublished doctoral dissertation, Boston University.

[9] Kirschner, P. A., & van Merriënboer, J. J. G. (2013). Do learners really know best? Urban legends in education. *Educational Psychologist*, *48*(3), 1–15.

[10] Kirschner, P. A., Sweller, J., & Clark, R. E. (2006). Why minimal guidance during instruction does not work: An analysis of the failure of constructivist, discovery, problem-based, experiential, and inquiry-based teaching. *Educational Psychologist*, *46*(2), 75–86.

[11] Kolb, D. A. (1971). *Individual learning styles and the learning process.* Cambridge, MA: Sloan School of Management, Massachusetts Institute of Technology (Working Paper No.535).

[12] Kolb, D. A. (1984). *Experiential learning: Experience as the source of learning and development.* Englewood Cliffs, NJ: Prentice-Hall.

[13] Lilienfeld S. O. (2010). *50 great myths of popular psychology: Shattering widespread misconceptions about human behavior.* Chichester, UK: Wiley-Blackwell.

[14] Pashler, H., McDaniel, M., Rohrer, D., & Bjork, R. (2008). Learning styles: Concepts and evidence. *Psychological Science in the Public Interest*, *9*(3), 105–119.

[15] Rohrer, D., & Pashler, H. (2012). Learning styles: Where' s the evidence? *Medical Education, 46*, 630–635.

[16] Ruble, T. L., & Stout D. E. (1993). Learning styles and end-user training: An

unwarranted leap of faith. *MIS Quarterly, March 1993*, 115−117.

[17] Tanner, K. D. (2012). Promoting student metacognition. *CBE-Life Sciences Education*, *11*, 113−120.

[18] van Merriënboer, J. J. G. (1990). Instructional strategies for teaching computer programming: Interactions with the cognitive style reflection-impulsivity. *Journal of Research on Computing in Education*, *23*, 45−53.

[19] Veenman, M. V. J., Prins, F. J., & Verheij, J. (2003). Learning styles: Self-reports versus thinking-aloud measures. *British Journal of Educational Psychology*, *73*, 357−372.

[20] Willingham, D.(2008, August 21). Learning styles don’ t exist. Retrieved June 19, 2012, from<http://www.youtube.com/watch?v=sIv9rz2NTUk>.

神话 2　学习效果可以用金字塔形状来表示 28

你听过“授之以鱼，不如授之以渔”这句名言吗？这似乎是第二个关于学习的神话“学习金字塔”的基础。在 1946 年，埃德加 · 戴尔（Edgar Dale）写了可能是第一本将媒体运用在教育中的书。那本书在 1954 年和 1969 年经过修订，书中呈现了他所说的“经验之锥”（又译为“经验之塔”，图 4）。那个圆锥是一个形象的手段，是作者总结的对不同类型的媒介学习经验的分类系统。该分类系统从非常具体的经验（在圆锥体的最底端）一直到非常抽象的经验（在圆锥体的最顶端）。文本是由语言符号组成的，所以非常抽象。字母书写的方式和与其关联的发音是随意且抽象的（虽然在不同的语言中也有所不同，例如中文用表意字符集来描述具体和抽象的物体），而直接的、有目的的经验（第一手经验）则是具体的。

图 4　戴尔的经验之锥模型

来源：Dale, E.(1969). *Audiovisual methods in teaching (3rd ed.)*. New York: Dryden Press; Holt, Rinehart and Winston.Reprinted within the STM Permissions Guidelines (see http://www.stm-assoc.org/permissions-guidelines/ and http://www.stm-assoc.org/2014_06_24 _STM_ Permissions_Guidelines_2012.pdf).

经验之锥是一个包含多种视听媒体具体特性的简单而又高效的直观模型。戴尔没有使用数字或者教学方法，甚至还提醒读者不要把圆锥各块内容视作是刚性的、刻板的划分。他说：“经验之锥是对学习经验的形象比喻，在这里，一个人从直接经验中获得的各种类型的视听材料以抽象程度递增的顺序排列。”在他 1969 年版的书中，戴尔告诉我们：

除此之外，我们也说明了，越往上越窄的圆锥形状并不意味着学习难度增加。语言和视觉符号小孩子都会使用。展示会显得复杂且比较难懂——比阿拉斯加的地图（一个视觉符号）要难懂得多。分类的基础不是针对难度而言的，而是表明其抽象程度（投入的直接的感官参与量）。因此，理解一棵树的静态照片并不比读懂哈姆雷特剧本困难多少。它本身只是一个比剧本更简单的教学材料。

经过了这么多年，这个比喻已经发生了改变，现在被称作“学习之锥”，或者被更加通俗地称为“学习金字塔”，伴随着各种教育学的标签和数字 / 百分比（没有一个在最初那个圆锥中）。你可能在一本教科书或演示文稿的某个地方见过不同颜色、不同形状、不同形式，有着各种百分比和不同特征的金字塔（图 5 和图 6）。

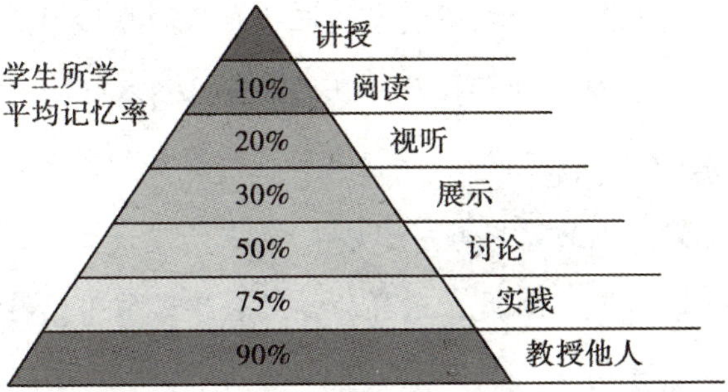

图 5　学习金字塔 1

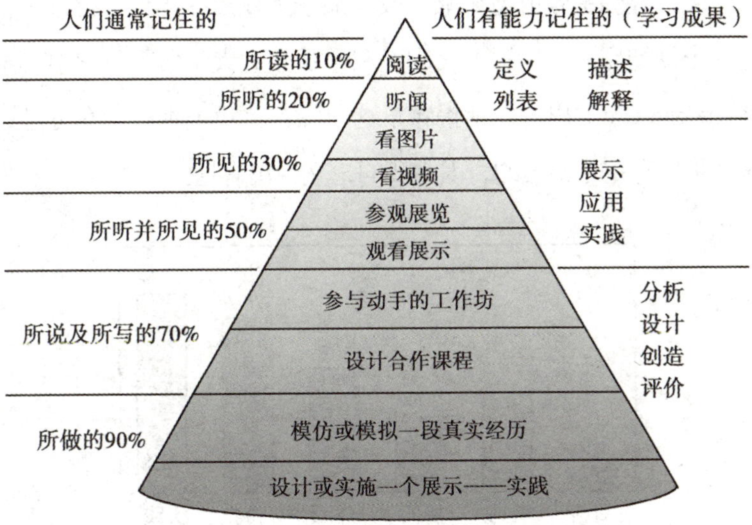

图 6　学习金字塔 2

来源：美国国家培训实验室，贝塞尔，缅因州。图 5、图 6 版权归美国国家培训实验室（NTL）。但是正如文中解释的，真正的来源其实是在公共领域（如果被认为是“美国政府的成果”的话），所以不需要引用授权，因为这是不需要版权的。

大多数人把学习金字塔归功于现在美国缅因州贝塞尔的国家培训实验室（NTL）。当人们向该实验室问及此事的时候，他们发了一封如下的标准电子邮件：

（该研究是）60 年代早期（20 世纪——译者注），在缅因州贝塞尔校区实施的，当时我们还隶属国家教育协会成人教育部。我们相信这些数据是准确的，不过我们没有保存也找不到支持这些数据的原始研究。我们每个月都会收到很多询问这些数据的请求，并且已经有很多人寻找过这一原始研究但
30 空手而归。我们知道在 1954 年，埃德加·戴尔在纽约德莱顿出版社出版的一本名为《教学中的视听方法》的书中第 43 页呈现了一个类似的金字塔，当然上面的数字却略有不同。但是，这样的学习金字塔似乎已经被改进并且一直被归功于国家培训实验室。

31 我们找到了学习金字塔的另一种形象的呈现方式（图 7）。虽然金字塔是戴尔原先的经验之锥的衍生品、改编品或者变质品（任君挑选），但这个图却是一个彻彻底底的欺诈。美国亚利桑那州立大学学习科学中心主任季清华（Michelene Chi）用一句话揭穿了这个图：“我根本就没有见过这个图，所以这个引用肯定是错误的，因为我的论文中没有这张图。”

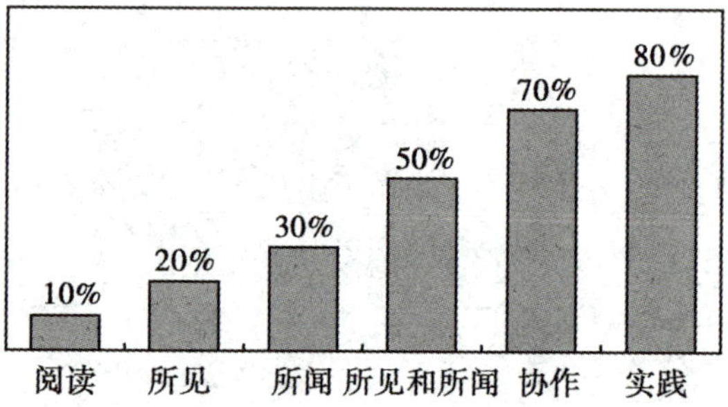

图 7　学习金字塔的另一种呈现方式

来源：这张图片被错误地归于 Chi，M. T., Bassok, M., Lewis, M. W., Reimann, P., & Glaser, R. (1989). Self-explanations: How students study and use examples in learning to solve problems. *Cognitive Science*, 13(2), 145−182。

迈克尔·莫伦达（Michael Molenda）将这些数字追溯到二战时，说它们比戴尔的经验之锥模型还要早。莫伦达在查尔斯·赛勒斯（Charles Cyrus）的信里发现了证据，他是一个德州大学的培训专家。证据表明，这些数字首次是由保罗·约翰·菲利普斯（Paul John Philips）提到的，他在位于阿伯丁实验场（马里兰州）的美国陆军兵器学校的训练方法分校担任校长时，为查尔斯·赛勒斯带去了这些数据。在1940—1943年，他们单位实施了一项研究，研究结果支持了现在的学习金字塔中的发现。但是，关于这项研究的资料无处可寻。德怀尔（Dwyer）追溯到纽约美孚真空石油公司将这些数字和经验之锥结合，这可能是它们第一次结合。纽约美孚真空石油公司可能是通过德州大学推广部获得了数据，而他们则是通过保罗·约翰·菲利普斯获得的。但是这是最早的来源吗？恐怕不是。在四篇文章中，瑟伯瑞默尼（Subramony）、莫伦达（Molenda）、贝切斯（Betrus）、塔尔海默（Thalheimer）等人将图中的数据追溯到了1912年，但是他们仍然怀疑这些数据可能实际上还要更早。

这个金字塔告诉我们什么？它告诉我们，如果你是一个教师，而且你只“教”那些需要学习的材料，那么你的学生难以记住多少东西。传统的教学方法——阅读、视听等，都只能得到很低的记忆力成绩。作为教师，如果你 32
能创造情境让学生互相解释授课内容，可能就是最成功的（至少在记忆力上）。值得一提的是，教育神话有时会互相矛盾，因为学习金字塔几乎与每一种学习风格理论（请看上文）都不一致。所以学习金字塔是正确的吗？不，很不幸它并不正确。

学习金字塔理论存在两个问题。首先是它来源不清。我们在上面已经讨论过了。但是除此之外，即使在神话中，成功也有很多个“父亲”（发明者）。与戴尔（Dale）、格拉塞尔（Glasser）、美国国家培训实验室（NTL）和其他人一起，真正的“父亲”可能是约翰·亚当斯（John Adams），他的《教学的观点和图解》（*Exposition and illustration in teaching*, 1910）一书中，包含了以下的具象性顺序：“（1）真实的客体，除此之外任何其他事物都或多或少是无效的替代品；（2）真实客体的模型；（3）一个涉及这个客体某些方面的示意图；（4）对这个客体的纯语言描述。”霍本（C. Sr. Hoban）、霍本（C. Jr. Hoban）和济斯曼（S. Zissman），在他们1937年出版的《可视化课程》（*Visualizing the curriculum*）一书中假定，视听材料的价值在于其真实感，并对其进行了如下分类：整体情况、物体、模型、影片、立体画、幻灯片平面图、地图、图表和文字（图8）。同样，这些理论没有任何研究的支持。

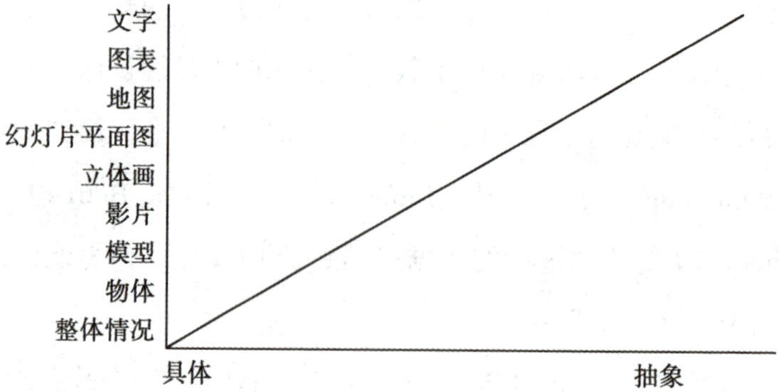

图8　视听材料的价值

来源：Hoban, C., Sr., Hoban, C., Jr., & Zissman, S.(1937). *Visualizing the curriculum*. New York: Dryden Press.

33 其次，这个百分比太完美了，而这在科学研究中几乎是不可能的。正如德怀尔指出的，在没有指定测量方法、学习者年龄、学习任务的类型和记忆内容的前提下，这个报告的百分比是不可能被解释或验证的。同时，所有的百分比，甚至是不同方法的顺序，都是受其他因素影响的，例如需要回忆或学习的内容（哺乳动物的主要特征可以被归纳为简单的五个，但是你可能需要和上百种不同的哺乳动物具体地接触才能够确定这五个特征）、学习和考试之间的延迟（虽然记忆保持的百分比通常会随着时间的延迟而下降，但是有些方法却能使它随着时间的延迟而改善，例如将考试作为教学测量方法）、学习者的专长和先前掌握的知识（如果你很了解蒸馏，一个涉及其机制的图示就会非常清晰，但是如果你对这个话题一无所知，那图示就没有任何意义），以及参与讲座、阅读、动手操作体验，等等。

对这个神话最好的回应有可能是拉利（Lalley ）和米勒（Miller）2007 年的一篇文章。这篇文章涉及了学习金字塔大多数的问题，从上文中讨论过的学习金字塔在媒体和教学法的使用上混为一谈，到缺乏相应的研究和已经进行的研究不够严谨。例如，他们指出“一个人在看电视、田野旅行或观看一个演示的时候，会同时遇到视觉符号和言语符号”，那学习者有从文本、讲座、图片、电影中学到什么吗？除此之外，他们列举了一系列实证问题，来说明学习金字塔没有任何教学价值，例如：（1）每种方法的持续时间应该是一致的（例如，花在每个任务上的时间相同）；（2）应该由同一个老师来实施实验（期望这里没有交叉效应）或者多个教师来实施干预，以便与教育水准、经验、教学领域等相匹配；（3）用每个方法来开展学习的内容应该保持一致；（4）测量结果时，应该在一个延迟后的时间内测量保持、记忆或者其他任何指标。这和理查德·克拉克（Richard Clark）在 1983 年对使用不同媒体进行学习价值研究的元分析比较中提出的批评很相似。

他们得出结论，不同学习方法的效果之间没有显著差异。事实上，这个学习金字塔更应该是方形的，而不是三角形的，所有的百分比应该均匀分布。但是这样做可能难以说服人们学习金字塔最底层的步骤是最重要的。

我们希望把学习金字塔重新命名为教育理论的“尼斯湖水怪”。不管是不是正确的，它总是不断地出现。不！等一下。去掉“不管是不是”，毋庸置疑，它永远是不正确的，因为学习金字塔就像尼斯湖水怪，是假的！

微格教学法在教师培训上效果良好

在探索哪些教学方法效果较好的研究中，微格教学法持续获得高分。什么是微格教学法呢？约翰·哈蒂（John Hattie）在他《可见的学习》（*Visible learning*）一书中将微格教学法描述为：一种经常在实验室环境里使用的做法，“通常包含实习教师为一个小组的学生上（迷你）课程，并参与到课后讨论中”。在他对超过 800 个研究的元分析中，基于 402 项研究，效果量为 0.88，微格教学在 130 种教学 / 教育干预中排第四。你可能会认为，这就证明在学习金字塔最底层的步骤确实比其余所有步骤更重要，因为微格教学法相当重要的一部分不是真实的实验室体验，就是模拟的实验室体验（如观看演示等）。但是问题却并不是这么简单，因为微格教学法中一个关键的因素是课后研讨，回顾分析教学中的得失，以改善教学体验。即时的反馈和支持，与在反馈和支持的基础上重新练习的机会等合在一起，成为微格教学法的基础。换言之，微格教学法中最关键的因素是讨论和在讨论中生成的个人反馈。比起获得并记忆内容（这是希望学生在参与微格教学法之前就完成的）来说，这种方法看起来对于教人如何上课是最有效的。因此，这是一种可以长期使用的培训职前教师和在职教师的方法，自从 20 世纪 60 年代初以来一直被用来培训在职教师和职前教师。

实际上，本书作者之一就把微格教学法作为最好的方法之一，用在常规的科学课之中，作为传统实验室实践，即“实验研讨会”的备选方法（Kirschner，1992）。

资料来源：

[1] Hattie, J. (2009). *Visible learning: A synthesis of over 800 meta-analyses relating to achievement.* New York: Routledge.

[2] Kirschner, P. A. (1992). Epistemology, practical work and academic skills in science education. *Science and Education*, *1*, 273−299.

神话 :-\

亚当斯、霍本、格拉塞、戴尔和国家培训实验室，学习金字塔到底源自以上哪个地方并不清楚，百分比也是完全不准确的。它的力量可能部分来自它的“禅意”式的信息（Zen−like message)，还有部分正如纽曼、加里、伯恩斯坦、坎特纳和琳赛所说的，即我们更倾向于相信某件有图的事，即使它纯 35
粹只有装饰性图片（“真实感”——认为某件事是真实的感觉）。我们没有确凿的证据，但是看起来学习金字塔就特别擅长于此。无论何时我们在一个教育情境中看到一个学习金字塔，不知为何它所包含的信息看起来似乎总是更加可信。

参考资料：

[1] Adams, J. (1910). *Exposition and illustration in teaching*. New York: MacMillan Company.

[2] Clark, R. E. (1983). Reconsidering research on learning from media. *Review of Educational Research*, *43*, 445−459.

[3] Dale E. (1949). *Audio-visual methods in teaching*. New York: Dryden Press, 1954, 1969.

[4] Dwyer, F. M. (1978) *Strategies for improving visual learning*. State College, PA: Learning Services.

[5] Hoban, C., Sr., Hoban, C., Jr & Zissman, S. (1937). *Visualizing the curriculum*. New York: Dryden Press.

[6] Lalley, J. P., & Miller, R. H. (2007). The learning pyramid: Does it point

teachers in the right direction? *Education*, *128*(1), 64–80.

[7] Molenda, M. (2004). Cone of experience. In A. Kovalchick, & K. Dawson (Eds.), *Education and technology: An encyclopedia* (pp. 161–164). Santa Barbara, CA: ABC-CLIO.

[8] Newman, E. J., Garry, M., Bernstein, D. M., Kantner, J., & Lindsay, S. D. (2012). Nonprobative photographs (or words) inflate truthiness. *Psychonomic Bulletin & Review*, *19*, 969–974.

[9] Subramony, D., Molenda, M., Betrus, A., & Thalheimer, W. (2014). The mythical retention chart and the corruption of dale' s cone of experience. *Educational Technology*, *54*(6), 6–16.

[10] Subramony, D., Molenda, M., Betrus, A., & Thalheimer, W. (2014). Previous attempts to debunk the mythical retention chart and corrupted dale' s Cone. *Educational Technology*, *54*(6), 17–21.

[11] Subramony, D., Molenda, M., Betrus, A., & Thalheimer, W. (2014). The good, the bad, and the ugly: A bibliographic essay on the corrupted cone. *Educational Technology*, *54*(6), 22–31.

[12] Subramony, D., Molenda, M., Betrus, A., & Thalheimer, W. (2014). Timeline of the mythical retention chart and corrupted dale' s cone. *Educational Technology*, *54*(6), 24–31.

[13] Thalheimer, W. (2006, May 1). *People remember 10%, 20%...* Oh really? Retrieved April 11, 2015, from <http://www.willatworklearning.com/2006/05/people_remember.html>.

神话 3　非正式学习能学到 70%，从他人那里能学到 20%，正规教育只能学到 10% 36

在职业培训和其他关于工作场合的学习文本中，提及“70–20–10”法则的人越来越多。这个法则假定，基于经验的学习（70%）要显著高于通过和他人的交流获得的学习（20%）。经典的、传统的工作坊和训练课程的影响，只占了 10%。通过查尔斯·詹宁斯（Charles Jennings）等人的推广，这个模型越来越受欢迎，同时它又与摩根·麦考尔（Morgan McCall）、罗伯特·W. 艾兴格（Robert W. Eichinger）和迈克尔·M. 隆巴尔多（Michael M. Lombardo）等多人的工作相联系。

如果我们看一下应用这个法则的公司名单（根据 Jay Cross 的调查），它包含了很多令人印象深刻的名字，包括路透社、高盛、耐克、火星、诺基亚、普华永道会计师事务所、安永会计师事务所、欧莱雅、瑞士阿第克、波士顿科学、美国运通、惠普、卡特彼勒、索尼爱立信、英国电信、威斯菲尔德、沃尔玛和可口可乐。

然而，在一篇博客文章中，道格·林奇（Doug Lynch）辩驳道，这个“法则”实际上是一个基于可以追溯到阿基米德时期的比喻的谣言。在 20 世纪 60 年代，艾伦·图赫（Allan Tough）是第一个利用冰山作为比喻的教育专家。但是是阿基米德（Archimedes，前 287—前 212）第一个提出冰山的大部分是隐藏于水下的，导致了“70–20–10”比例的出现。

这听起来很好，但是一篇博客文章并不（够）科学。所以，我们决定进一步调查。这个法则最频繁地被麦考尔、艾兴格和隆巴尔多引用。但是当你查看这个来源，有两件事是显而易见的：

◇他们关于“70–20–10”法则的章节只涉及高级管理者的领导力培训。

◇这些作者在提倡这个法则的时候非常小心谨慎；他们的措辞非常谨慎，

如“发展的可能性是……”“很有可能是……”等。

当然，对于科学家来说，在为他们的证据进行辩护时保持谨慎并不稀罕。所有的知识都是有时效性的。虽然特定的方面有待进一步解释，但有一件事
37 是肯定的：他们是在具体的背景之下，即获得领导技能的过程中谈论这个法则的：

> “70-20-10”法则是从国际语言口才等级认证（CCL）30 年的课程实证研究中产生的，这个研究探索了高级管理者如何在他们的职业生涯中学习、成长和改变。其基本假设是，领导力是通过学习获得的。我们相信在今天，甚至更久以前，管理者从经验中学习的能力和意愿是领导影响力的基础。

这是一个很重要的见解。我们能自动地把这些见解转化并将它们用于其他目的吗？或者这些法则只适用于我们的未来领导者吗？

在回答这些问题时最大的问题是这样一个事实——我们无法在专业文献中找到支持“70-20-10”比例分割的证据。在大多数情况下，都是通过再次引用麦考尔等人的研究，“假设”这个法则“可以应用”。

我们通过各种渠道进行呼吁，试图找到更加确凿的证据。让我们惊奇的是，作为回应，有很多人想要通过贬低实证科学的重要性来捍卫这一法则，并认为这个法则中提到的数字并不需要用严谨的学术态度来对待。当然，这是一种观点，并且没人会怀疑非正式学习的重要性。尽管如此，我们的调查显示，当我们要当真接受“70-20-10”比例时，我们需要十分地谨慎。在进一步调查这个数字的为数不多的研究中，有一个也着眼于管理者，它来自伊诺斯（Enos）、克尔汉（Kehrhahn）和贝尔（Bell）等人。它实际上展示了一个完全不同的比例，更加精确，16-44-30，16% 来源于经验，44% 来源于与他人交流，30% 来源于正式培训。很快地加一下，我们就会发现，有 10% 消失了，但是这 10% 代表了研究者都没有提到的学习的影响。不过，以下事实也很重要，必须提及，这个研究只调查了很小的样本数，即 84 个来自同一

个公司的管理者。这项研究的另一个重要局限是向管理者询问他们的学习方法，而不是观察他们实际上是如何学习的。因此，这一比例的划分也有许多缺陷。

我们通过帕特里克·韦尔梅朗（Patrick Vermeren）发现这项研究。他采访了很多与这些神奇数字的故事相关的人，包括詹宁斯和麦考尔。麦考尔把詹宁斯推广的法则称为“民间故事”。

我们看到了这一经验法则的基本假设在本质上是存在问题的，即我们通 38
过自己探索问题才能学得最好。关于发现学习，请参见本章神话 6。

未经证实 :-?

非正式学习毫无疑问是非常重要的，但是我们在科学文献中找不到证据来支持（人们所学知识的）70% 来自非正式学习、20% 来自从他人那里学习、10% 来自正式学习的比例。

参考资料：

[1] Cross, J.(2013, April 6). *50 suggestions for implementing 70-20-10*. Retrieved from <http://internettime.com/2013/04-50-suggestions-for-implementing-70-20-10-6/>.

[2] De Bruyckere, P.(2012, September 3). *Never trust neat percentages? 70-20-10 rule. From experience to meaning*.... Retrieved September 3, 2012, from <http://theeconomyofmeaning.com/2012/09/03/never-trust-neat-percentages-70-20-10-rule/>.

[3] Dillon, J. (2012). Is informal education better than formal education? In P. Adey, & J. Dillon, (Eds.), *Bad education* (pp.129−142). Maidenhead, UK: Open University Press.

[4] Enos, M. D., Kehrhahn, M. T., & Bell, A. (2003). Informal learning and the

transfer of learning: How managers develop proficiency. *Human Resource Development Quarterly*, *14*, 369−387.

[5] Jennings, C. (2013). *70-20-10 framework explained: Creating high performance cultures*. Surrey Hills, Australia: 70-20-10 Forum.

[6] Kajewski, K., & Madsen, V. (2012). *Demystifying 70-20-10*. Melbourne: Deakin Prime (Report).

[7] Lombardo, M. M., & Eichinger, R. W. (1996). *The career architect development planner* (1st ed.). Minneapolis: Lominger.

[8] Lynch, D. (2012, February 16). Busted learning myths. Chief Learning Officer. Retrieved September 18, 2012, from <http://clomedia.com/articles/view/busted-learning-myths/1>.

[9] Vermeren, P. (2014, September 6). *Jennings' 70-20-10 framework*. Retrieved from <http://evidencebasedhrm.be/70-20-10-framework-jennings/>.

[10] Wilson, M., Van Velsor, E., Chandrasekar, A., & Criswell, C. (2011, September). Grooming top leaders. Center for Creative Leadership. Retrieved September 16, 2012, from <http://www.ccl.org/leadership/pdf/research/GroomingTopLeaders.pdf>

39

神话 4　如果你能随时查阅，知识还那么重要吗？

我们生活在一个知识型社会，在这里任何人似乎都可以轻易地获得所有的知识。如果你口袋里的智能手机就有“珠穆朗玛峰有多高”这个问题的答案，你何苦还要学习呢？毋庸置疑，在这种情况下，查询知识的能力和机会是非常重要的。换言之，一个人所有真正需要知道和学习的就是“到网上去找”。因此，现在教师和学生获取知识无关紧要，实际上是在浪费时间（对此我们会在本章神话 5 中讨论——知识如鲜鱼一样易腐烂）。专家降级成为教师，将他们的专业知识与教学内容结合起来教导那些缺乏这些知识的人，成为站在一旁引导和“哄骗”新一代自我教育者的教练（在第五章神话 3 的数字原住民中，我们会加以讨论）。

这可能对你来说听起来很耳熟：它当然不可能是一个神话了！我们真的还需要课堂吗？学习者还需要掌握事实性知识吗？现在这一代数字原住民难道不是已经掌握了这些知识吗？对这些问题的回答分别是：需要。需要。并不是。

实际上，即使不是所有，我们想要儿童和年轻人在学校里学习的大多数“知识”也可以在网络上找到，伴随着更多来源乱七八糟的非信息。然而，正如基尔希纳（Kirschner）所写，我们已经知道的决定了我们将会看到的和理解的，而不是反过来。这正是建构主义的基础，我们之前已经讨论过了（虽然很奇怪，虔诚的建构主义者通常会反对为了获得知识而教学）。我们先前的知识和经历决定了我们怎么看待和理解周边的世界（一个狂热的公路自行车手会根据爬坡百分比和应该使用的传动比看一座山，而一个地理学家看到同一座山时，会想到地质时期、化石和岩层的形成）。同样，也是我们先前的知识和经历决定了我们如何成功地在万维网上搜索、寻找、筛选和处
理（例如评估）可用的信息。学习者通常会被给予包含着一个信息问题的学 40
习任务或作业，然后被期望去辨识信息需求、定位相应的信息来源，然后用一种令人信服的有效方式从相关来源中提取和组织相关信息（Brand-Gruwel，Wopereis，Walraven；Moore）。

不幸的是，在大多数情况下，学生所掌握的该主题的原有知识最多也只能说是最低限度的（这并不奇怪，因为在本质上，这正是一个学习者的定义；如果他们已经拥有知识，他们就是专家而不需要再学习了）。研究已经证明，较低的知识储备会对搜索过程产生负面影响（Fidel et al.；Hirsch）。

这不仅仅在小学或者中学阶段成立（Nievelstein；Nievelstein，van Gog，Boshuizen，Prins）。在对一年级和三年级的法学院学生的研究中发现，由于缺乏必要的概念性和认识论知识，来解释原始资料中发现的信息，他们在使用法律书籍和法院判决先例等资源时遇到了很多困难。拥有更多储备知识的学生更有优势，因为他们可以轻松地将知识和任务的要求以及在网络上找到的资源联系起来。

你在说什么，威利斯？

为了让这个观点更清晰，我们将借用丹尼尔·威林厄姆（Daniel Willingham）在2009年出版的一本优秀书籍中提出的观点。首先，阅读下文：

这个过程实际上非常简单。首先将东西分入不同的组别中。当然，有时候只做一次可能就够了，这取决于你要处理的东西有多少。如果因为你所在的地方没有你需要的设备，那么就要另找地方了，这是下一步要做的。否则，你就可以开始动手了。请记住不要一下子做太多。最好每次做一小部分事情，而不是尝试一次性做完所有的事。

你可能会想：“这到底是在说什么？”是的，这可能听起来意思十分模糊，尽管你毫无疑问知道所有文字的意思。但是如果我们告诉你它实际上在说洗衣服，那突然间一切都变得清楚了。进一步来说，没有“它描述的是洗衣服”这一知识，你记住这一段文字的可能性是非常小的。为什么？因为你需要先前的知识来理解你刚才阅读的内容
41 并且记住它。确实存在帮助我们记住纯事实的记忆“窍门”，但是如果你真的想要充分地学习和理解什么东西，你就需要知识——无论你喜欢还是不喜欢。

资料来源：

Willingham, D. T. (2009). *Why don't students like school? A cognitive scientist answers questions about how the mind works and what it means for the classroom.* San Francisco, CA: Jossey-Bass.

现在我们进入 21 世纪已经超过 10 年了。因此，是时候来介绍我们经常听到的所谓的 21 世纪技能了。这些是在应对现代和未来社会的需求时所必需的。有多种多样的清单罗列了这些 21 世纪技能（Anderman，Sinatra，Gray；Dede），但是它们几乎都包含了相同的因素：合作、交流、信息和通信技术（ICT）素养、社会交往和文化技能（包括公民权）、创造力、批判性思维和问题解决能力。

能够充分处理网络上信息爆炸的一系列活动和技能被称为信息素养或数字化素养，是在许多学校政策中宣传的 21 世纪核心素养之一。虽然很多教育大师和政策制定者认可并宣传这样一种思想，即现代学习者在信息问题处理上是有竞争力的，甚至是专家（比方说，他们是信息技术和数字方面的专家），因为这些学习者每天都在上网，但是很多研究表明有效地处理信息问题对于大多数学生来说，真的是一个问题。根据米勒（Miller ）和巴特利特（Bartlett）的理论，有效地使用网络需要拥有辨别好坏信息的能力。他们认为，学习者不仅在找到他们真想搜索的信息上有困难，而且通常会相信他们第一眼看到的东西，这使他们陷入“无知、虚假、负面和欺骗的陷阱”。很多研究者（Bilal；Large，Beheshti；MaKinster，Beghetto，Plucker；Wallace，Kupperman，Krajcik，Soloway）论证了所有年纪的学习者，从幼儿到青少年到成年人都不能有效地选择好的搜索关键词并将它们适当组合，选择相关的网站，以及质疑并测试所搜到资源的有效性。考虑到所有这些，我们可以得出结论，学习者不能有效并迅速地自己解决信息问题，他们必须学会解决这些基于信息的问题。

42 换句话说，学生利用很多电子设备并被称作数字原住民这个事实，并没有让他们成为自己所拥有的媒体的优秀使用者。他们可以采用谷歌搜索，但是缺少相应的信息技能来有效地检索需要的信息，也没有足够的知识来判断所找到的资料的关联性和真实性（Kirschner，van Merriënboer）。有两个错误的信念：（1）教学或获得知识不再是必要的；（2）学习者是有数字化素养的人并拥有解决信息问题的能力。这些导致学生在写关于归纳科学的文章时，张冠李戴地将主张科学实证主义的培根与20世纪英国艺术家弗兰西斯·培根混在一起，以及将马丁·路德·金同罗马教皇利奥十世（Pope Leo X）和罗马皇帝查尔斯五世（Charles V.）混为一谈。它同样导致了准总统候选人[例如，米歇尔·巴克曼（Michelle Bachmann）]痛苦却无知地混淆了约翰·韦恩（John Wayne，演员）和约翰·韦恩·加西（John Wayne Gacy，被指控在20世纪70年代谋杀了30个年轻人的谋杀犯）的出生地。

神话 :-\

实际上，我们需要学习更多知识，并在知识社会里运用所需要的技能。同样，我们需要的技能也需要通过学习来掌握。

参考资料：

[1] Anderman, E. M., Sinatra, G., & Gray, D. (2012). The challenges of teaching and learning about science in the 21st century: Exploring the abilities and constraints of adolescent learners. *Studies in Science Education*, *48*(1), 89−117.

[2] Bilal, D. (2000). Children's use of the Yahooligans! Web search engine: I. Cognitive, physical, and affective behaviors on fact-based search tasks. *Journal of the American Society of Information Science*, *51*, 646−665.

[3] Brand-Gruwel, S., & Gerjets, P. (2008). Instructional support for enhancing

students' information problem solving ability. *Computers in Human Behavior*. *24*, 615–622.

[4] Brand-Gruwel, S., Wopereis, I., & Walraven, A. (2009). A descriptive model of information problem solving while using internet. *Computers & Education*, *52*, 1207–1217.

[5] Dede, C. (2010). Comparing frameworks for 21st century skills. In J. Bellanca, & R. Brandt (Eds.), *21st century skills* (pp. 51–76). Bloomington, IN: Solution Tree Press.

[6] Fidel, R., Davies, R. K., Douglass, M. H., Holder, J. K., Hopkins, C. J., Kushner, E. J., et al. (1999). A visit to the information mall: Web searching behavior of high school students. *Journal of the American Society of Information Science*, *50*(1), 24–37.

[7] Hirsch, S. G. (1999). Children' s relevance criteria and information seeking on electronic resources. *Journal of the American Society for Information Science*, *50*, 1265–1283.

[8] Kirschner, P. A. (1992). Epistemology, practical work, and academic skills in science education. *Science and Education*, *1*, 273–299.

[9] Kirschner, P. A. (2009). Epistemology or pedagogy, that is the question.In S. Tobias, & T. M. Duffy (Eds.), *Constructivist instruction: Success or failure*? (pp. 144–157). New York: Routledge.

[10] Kirschner, P. A., & van Merriënboer J. J. G. (2013). Do learners really know best? Urban legends in education. *Educational Psychologist*, *48*(3), 1–15.

[11] Kolb, D. A. (1971). *Individual learning styles and the learning process*. Cambridge, MA: Sloan School of Management, Massachusetts Institute of Technology (Working Paper No.535–571).

[12] Large, A., Beheshti, J. (2000). The web as a classroom resource: Reaction from the users. *Journal of the American Society of Information Science*, *51*, 1069–

1080.

[13] MaKinster, J. G., Beghetto, R. A., & Plucker, J. A. (2002). Why can' t I find Newton' s third law? Case studies of students' use of the web as a science resource. *Journal of Science Education and Technology*, *11*, 155–172.

[14] Miller, C., & Bartlett, J. (2012). "Digital fluency" : Towards young people' s critical use of the internet. *Journal of Information Literacy*, *6*(2), 35–55.

[15] Moore, P. (1995). Information problem solving: A wider view of library skills. *Contemporary Educational Psychology*, *20*, 1–31.

[16] Nievelstein, F. (2009). *Learning law.* Heerlen, The Netherlands: Open University of the Netherlands Unpublished doctoral dissertation.

[17] Nievelstein, F., van Gog, T., Boshuizen, H. P. A., & Prins, F. J. (2008). Expertise-related differences in conceptual and ontological knowledge in the legal domain. *European Journal of Cognitive Psychology*, *20*, 1043–1064.

[18] Wallace, R. M., Kupperman, J., Krajcik, J., & Soloway, E. (2000). Science on the Web: Students online in a sixth-grade classroom. *Journal of the Learning Sciences*, *9*, 75–104.

44

神话 5　知识如鲜鱼一样易腐烂

“用寻找信息来替代讲解与学习信息”这个想法有一个主要的、经常听到的前提，那就是知识的半衰期变得越来越短，使得知识迅速过时。这让曾经是荷兰教育部副部长的政府政策学教授说道：“知识如鲜鱼一样易腐烂。”这和其他事一起，在教育“谷歌化”中扮演着重要的角色，而希尔（Hill）和汉纳芬（Hannafin）将其描述成资源型学习的翻版。例如，马库姆（Marcum）写道：

信息有用性的半衰期从一个世纪或一代人缩短到可能不超过一天，在某些领域甚至不超过几个小时，在这种情况下，任何印刷的东西都被自动视为是过时的。今天，某个技术学位第一年所学的信息，在毕业之前可能已经有一半是没有用的。现在是流通为王。

问题在于知识的本体在变得越来越脱离时代或过时这个观点，绝对不是正确的。这个观点有两个问题。第一，我们需要带着敬意辨别清楚知识过时和信息增长两者之间的区别。自从万维网发明以来，这 20 年见证了可利用的信息在数量上以巨大的指数增长，这是毋庸置疑的。据谷歌前 CEO 埃里克·施密特（Eric Schmidt）说："在世界诞生到 2003 年之间，创造了 5 艾字节（10^{18} 字节 =10 亿吉字节 =100 万太字节）的信息。现在，我们每两天就能创造 5 艾字节的信息。看到为什么操作信息市场是如此的痛苦了吗？罗伯特·J. 穆尔（Robert J. Moore），RJMetrics 公司的 CEO，说道："更加诚实的引用应该是'在 2002 年 23 艾字节的信息被记录和复制。我们现在每七天就会记录和传递相同数量的信息'。"根据国际数据公司甘茨（Gantz）的说法："数字的宇宙——以数字形式被创造、获取或复制的信息——在 2007 年是 281 艾字节。在 2011 年，一年产生的数字化信息的数量应该达到了将近 1800 艾字节（1.8 泽字节），或是 2006 年产生数量的 10 倍。"谁是正确的以及我们的信息宇宙扩张得有多快并不是真正重要的。真正重要的是，当没有人知道到底有多少信息，信息生产和复制得有多快，没有任何人怀疑这样一件事，即我们指尖所拥有的信息数量——有些是真实的，有些是假的——是如此之多，并且这个数量在如此快地增长，主要是由于在万维网上发布消息是如此简单和低成本。

这带来了第二个问题，即这并不意味着在互联网革命之前就存在的知识是过时的、无关紧要的，或不再正确的。只举几个我们还是孩子时学到的东西为例：勾股定理仍然是正确的（在一个直角三角形中，两直角边的平方和等于斜边的平方：$a^2+b^2=c^2$），同样还有引力常数和地球上一个下落物体的加速度[$G=6.67\times10^{-11}N\cdot(m/kg)^2$，在真空中，物体以 $9.80665\ m/s^2$ 的加速度下降]，依然存在七个大洲（亚洲、非洲、北美洲、南美洲、南极洲、欧洲和大洋洲），诺曼人征服英国发生在 1066 年，一首打油诗有五行，而十四行诗有十四行。事实是在过去几代人的知识中有很多或大部分还是正确并且有用的。为了充分地处理每天在数量和速度上都在增长的新信息流，正如在本章神话 4 中介绍的，我们必须能够搜索、寻找、选择、处理、评估和组织信息，把它变成知识。然而，正如汉纳芬和希尔警示的："虽然技术已经因为其促进潜在的信息获取手段的民主化而受到称赞，在教育上的使用却在表意、曲解和宣传上令人担忧。"

有一个有趣而反常的现象，但是在与神话打交道时反常倒是很常见的了，这个现象就是，很多持有错误观点、认为知识和鲜鱼一样易腐烂的人，提倡把基于问题的学习作为教学法的一种加以应用。你可能会问，在这里反常的是什么呢？基于问题的学习一个重要原则就是学习者要利用先前的知识。对于大学生来说，要利用任何从昨天到 10 年前学到的知识；对于要继续接受教育的人来说，这个时间段还要更长。根据施密特所说，基于问题的学习首要原则就是激活原有知识。他说道："学习在本质上有重组的
46 特征。它假设原有知识将用于理解新信息。原有知识和其在长时记忆中存在的组织结构类型，会决定将新信息理解成什么。"在一篇最近发表的文章里，施密特和同事说道："原有知识似乎能改变学生从新信息中回忆起来的东西……提高了与激活原有知识相关的学习任务的成绩……（并且）也被证明能调整对事实性知识学习的积极影响。"（Van Blankenstein，Dolmans，van der Vleuten，Schmidt）基于问题的学习要求学生利用被问题激活的原有知识，构建一个或更多的解释性模型（Barrows，Tamblyn；Schmidt，De Volder，De Grave，Moust，Patel）。最后，根据博卡尔兹（Boekaerts）的看法，原有知识是自主学习的先决条件。因为没有原有知识，学习者就无

法制定学习目标并监控学习过程。因此，没有原有知识，基于问题的学习将是空中楼阁。显然，那些认为21世纪知识和鲜鱼一样易腐烂的人，会否认以上见解，他们认为再也不需要用知识来理解文本、构建模型甚至管理学习过程本身。我们顺便说一下，上述引证的巴罗斯（Barrows）和坦布林（Tamblyn）的书（出版于1980年——译者注）已经出版30多年了，难道已经过时而不再有用了吗？

神话 :-\

每天涌向我们的信息还在以一个更快的速度增长。但是我们所需理解和解释这些信息的知识还是很稳定的。虽然在特定领域的知识确实在增加和改变，教会学生去应对这些变化比将知识看成是次要的东西更加重要。

参考资料：

[1] Barrows, H. S., & Tamblyn, R. M. (1980). *Problem-based learning: An approach to medical education*. New York: Springer.

[2] Boekaerts, M. (1997). Self-regulated learning: A new concept embraced by researchers, policy makers, educators, teachers and students. *Learning and Instruction*, *7*, 161–186.

[3] Gantz, J. F. (2008). *The diverse and exploding digital universe. An updated forecast of worldwide information growth through 2011*. IDC (International Data Corporation) White Paper, available at: <https://www.emc.com/collateral/analyst-reports/expanding-digital-idc-white-paper.pdf>.

[4] Hannafin, M. J., & Hill, J. (2007). Resource-based learning. In M. Spector, M. D. Merrill, J. van Merrienboer, & M. P. Driscoll (Eds.), *Handbook of research on educational communications and technology* (3rd ed., pp. 525–536). Mahwah, NJ: Erlbaum.

[5] Hill, J. R., & Hannafin, M. J. (2001). Teaching and learning in digital environments: The resurgence of resource-based learning. *Educational Technology, Research and Development*, *49*(3), 37−52.

[6] Marcum, J. (2003). The 21st century library. *FDU Magazine*, *11*(2), 26−29.

[7] Schmidt, H. G., (1983). Problem based learning: Rationale and description. *Medical Education*, *17*, 11−16.

[8] Schmidt, H. G., De Volder, M. L., De Grave, W. S., Moust, J. H. C., & Patel, V. L. (1989). Explanatory models in processing of science text: The role of prior knowledge activation through small-group discussion. *Journal of Educational Psychology*, *81*, 610−619.

[9] Van Blankenstein, F. M., Dolmans, D. H. J. M., van der Vleuten, C. P. M., & Schmidt, H. G. (2013). Relevant prior knowledge moderates the effect of elaboration during small group discussion on academic achievement. *Instructional Science*, *41*, 729−744.

神话 6　如果自己探索获取知识，就会比别人解释给你听要学得快

很有可能许多教育研究者在看了这本书前面的目录时，就立刻翻到了这一页。这是一个非常流行的主题。在谷歌网站键入“发现学习”（discovery learning）检索项，你会看到一页又一页的参考文献和出版物。但是和“学习风格”这一术语相比，这方面尚未形成统一的科学共识。在进一步讨论之前，我们先来看看“发现学习”究竟是指什么。这个概念是杰罗姆·布鲁纳（Jerome Bruner）在 20 世纪 60 年代提出来的，有时也会被称为“自我

发现”（self-discovery）或“主动学习”（active learning）。根据布鲁纳的观点，教育需要以这样的一种方式加以组织，即学习者以一种积极的、自己探究的方式与要学习的材料互动。其目的是让孩子学会独立思考和解决问题。这和皮亚杰的论点很一致。皮亚杰指出：

每次有人提前教孩子一些他本可以通过自己探索而学到的东西，带来的结果就是孩子难以学会去发现，难以完全理解新知识。（Piaget）

下面几点积极影响通常与发现学习相关：

◇能更完整地记忆概念和原理。

◇内在动机代替了外在动机。

◇通过自己来发现规则，学习者在遇到新的问题时会更加容易找到解决办法。

事实真的是这样的吗？太多时候，关于发现学习的探讨被简化为两个极端：直接教学（direct instruction）与主动学习（active learning）。根据这种推理，在主动学习中不包含任何形式的教学，而在直接教学中不涉及对信息的主动加工。这就导致了对这两种思想流派的错误认识。

如果我们看一下有关这一研究的元分析，就会看到“发现学习”确实有 49
明显的积极的学习效果。问题就在于，很难确定这种学习方式的附加价值从何而来。在这一点上人们有不同的意见。有些研究认为用发现学习的方法获得知识并不总是最优的，而且在这一过程中需要有更多的关注点。以我们现有的关于“人们如何学习”的理解来看，这并不是不符合逻辑的。你需要有很多的知识来解决问题，并且你需要一个参考系并通过自学来获得知识。

当一些研究赞扬发现学习在批判性思维技能上的附加价值时，其他研究则认为：正是在这一领域，发现学习的效果并不好。这场争论仍在继续。

有些时候，这个神话会以“儿童是小小科学家”的形式出现，这是发现学习概念中一个固有的观点。然而，关于儿童是否真的能有这样的表现这一问题，则是另一灰色地带，争论双方都没有确切结论。但是，有件事看起来似乎是清楚的，那就是如果抱着这种想法来设计学习环境，你可以肯定学生并不领情，因而他们也不会以一种自我发现的方式开始学习。

这些都基于一个前提，即因为通过探索和实验而发现新的事实和关系是在科学中最重要的，为了教育出科学的思考者，我们必须在学校里使用发现学习的教学方法。布鲁纳将发现学习作为“探究性教学”（inquiry-based instruction）的方式之一，并认为同听教授讲解的方法相比，让学习者自己去发现事实和联系，对于学习者来说是最好的。在这里需要提醒的是：在提出“发现学习”几年之后，布鲁纳又提出了一个新的概念，这次他将其命名为“指导性发现”（guided discovery）。这个新的概念正如它名字所暗示的，承认了一定程度上外界指导和教学对于儿童的重要性。现在大多数人都能理解，许多学生在没有任何形式的帮助下，不具备或不充分具备建构和处理知识的能力。例如，荷兰皇家艺术与科学院（KNAW）发布的一个以小学水平的数学教育为主题的报告指出，不够聪明的学生能从直接教学中获益。

但是至于问题解决，将探究作为一种面向初学者的教学方法忽略了人类工作记忆的局限性。它要求学习者在一个领域里（在现实世界或者是由计算
50 机模拟的世界）搜索两个或更多变量之间的关系，寻找适用于这个领域的原则。如果学习者没有或者仅有一点关于该领域的知识并缺少系统的探究和实验的方法就要开始学习，这个探究的过程就会为工作记忆带来很大的负担。因为对于初学者而言，可能在这领域中的每一个要素都是和其他要素相联系的。学习者面对着组合式激增的知识，却没有办法来加以掌握。此外，该过程产生的工作记忆负担并不会对长时记忆的知识积累有所贡献，因为当工作记忆被用于搜索有意义的联系时，它是不可用且不能被用来学习的。实际上，延长时间进行发现学习所获得的东西对长时记忆改变甚少，也就是说，没有学到任何东西。（Sweller，Mawer，Howe）

发现学习还存在两个问题，这是由一个领域的教学法被该领域的认识论替代所导致的，尤其是在自然科学领域。第一个问题与儿童特别相关。皮亚

杰在很久以前就主张儿童和青少年不是小大人："智力发展对周围环境的适应还未从主体图式中的相似事物中分化这一阶段发展到另一个阶段，即对多种图式的适应已经从它们各自的和相互的相似物中分离出来了。"这一过程经历了一系列的认知发展阶段，每一阶段的特点都由一个影响着所有思考的普遍的认知结构来刻画。每个阶段都反映了在该阶段现实是如何被理解的，并且除了最后一个阶段，其他阶段表征的是不充分的近似的现实。换言之，处在教育起始阶段的学习者和成人（更不用说科学家）相比，看到的世界是不一样的，对世界的解释和理解也是不一样的，并且没有能力进行科学领域中丰富的知识建构所必需的抽象的认知转换。

哈蒂（Hattie）和耶茨（Yates）加上了另一个很重要的问题，这是与原有知识重要性相关的：

> 一些研究已经发现能力较低的学生会更倾向于发现学习的课程而不是直接教学的课程，但是他们在发现学习课中学到的东西却更少。在较少指导的情况下，能力较高的学生和能力较低的学生之间的知识鸿沟往往会变得更大。缺少直接教学的负面效应在能力较低的学生身上更为明显，尤其是当学习进程不明确、反馈减少、当错误的理解没有被更正而成为需要解决的问题时。

我们聚焦在对成年人的教学上，即使这些成年人是有能力进行抽象思 51
考、能通过必要的认知转换进行归纳性的思考并构建理论的人，在使用认识论作为教学方法时，我们依然要面对第二个问题，即初学者并不是缩小版专家。正如之前所解释的，专家在长时记忆中拥有复杂的图式，这使他们以不同于新手的方式来处理问题、解决问题。例如，德·格鲁特（De Groot）认为，与普通水平的行家棋手相比，象棋大师不是通过考虑更多的步数来决定下一步怎么下，而是在搜索潜在的好走法时更快。正如哥白特（Gobet）和西蒙（Simon）所说，多亏了有用的图式，他们有更好的能力来辨识重要的特征。另一个例子是，卡斯伯特（Cuthbert）等人发现，医学诊断专家在问题解决早期比新手提出的假设更少且更笼统，主要使用正向推理（从结果到假设）而不是逆向推理，使用广度优先的方法（考虑和评估几个假设），而不是深度优先的方法，并表现出卓越的假设评价技能。换言之，专家和新手之间的差别并不只是在理念水平上，在认识论和本体论水平上也同样存在差别（Jacobson）。一个新手和一个专家所看到的、经历的和学习的都是不一样的。

所以，这将我们带向何处呢？发现学习是一个神话吗？结论并非是或否的问题。我们的观点仅供参考。发现学习的价值正如很多其他的教育观念，是依赖于目标群体、主体和客体的。如同单一的直接教学对所有的群体和客体来说并不一定是最好的选择，仅仅基于发现学习的教育也不是适合所有人的万能方法。对于初学者来说，发现学习永远不是一个好方法，但却可以是一个目标。有效的教学方法应该小心地、渐渐地帮助学习者向这个目标靠近。范梅里恩伯尔（van Merriënboer）和基尔希纳（Kirschner）在他们2013年的文章里做了如下总结：第一，这些方法应该帮助学习者获得一些所学领域内的知识，因为你只能通过已经知道的知识发现新的联系（你知道的东西决定了你看到的东西，而不是相反）。第二，这些方法应该帮助学习者发展
52 在这一领域进行系统探索和实验所需要的技能和认知策略。第三，这些方法应该在发现的过程中为学习者提供支持和指导，只有当学习者变得更加专业时才能减少支持和指导。然而，对一个领域的专家来说，发现学习可能是很有效的。

总的来说，在教育界不再有任何对“纯”发现学习的真正的支持，并且没有人真正希望其东山再起。因为这个原因，现在达成更多共识的是研究性学习这一说法，而不是发现学习。

需要微调 :-|

存在很多发现学习的狂热支持者，也存在相当多的研究者来证明它是一个神话，双方在某种程度上都是正确的。单纯的发现学习难以为继，但是伴

随着正确的支持和指导，发现学习也仍然是有效的。并且越是新手，给予支持和指导的重要性就越大，在这里，发现学习实际上也就变成了很好的案例教学。

参考资料：

[1] Bangert-Drowns, R. L., & Bankert, E. (1990). *Meta-analysis of effects of explicit instruction for critical thinking*. Paper presented at the Annual Meeting of the American Educational Research Association, Boston, MA.

[2] Bruner, J. S. (1967). *On knowing: Essays for the left hand*. New York: Atheneum.

[3] Cuthbert, L., du Boulay, B., Teather, D., Teather, B., Sharples, M., & du Boulay, G. (1999). *Expert/novice differences in diagnostic medical cognition: A review of the literature*. Sussex: University of Sussex (Cognitive Sciences Research Paper 508).

[4] De Groot, A. D. (1946). *Het denken van den schaker*. Amsterdam: Noord Hollandsche (Thinking processes in chess players).

[5] De Groot, A. D. (1978). *Thought and choice in chess* (2nd ed., Revised translation of De Groot, 1946). The Hague: Mouton Publishers Revised translation of De Groot, 1946.

[6] Gelderblom, G. (2007). *Effectief omgaan met verschillen in het rekenonderwijs*. Amersfoort: CPS (Effectively dealing with differences in mathematics education).

[7] Gobet, F., & Simon, H. A. (1996). The roles of recognition processes and look-ahead search in time-constrained expert problem solving: Evidence from grandmaster level chess. *Psychological Science*, *7*, 52–55.

[8] Hattie, J., & Yates, G. C. (2013). *Visible learning and the science of how we learn*. New York: Routledge.

[9] Jacobson, M. J. (2001). Problem solving, cognition, and complex systems: Differences between experts and novices. *Complexity*, *6*(3), 41−49.

[10] Kirschner, P. A. (2009). Epistemology or pedagogy, that is the question. In S. Tobias, & T. M. Duffy (Eds.), *Constructivist instruction: Success or failure*? (pp. 144−157). New York: Routledge.

[11] Kirschner, P., Sweller, J., & Clark, R. (2006). Why minimal guidance during instruction does not work: An analysis of the failure of constructivist, discovery, problem-based, experiential, and inquiry-based teaching. *Educational Psychologist*, *41*(2), 75−86.

[12] Koninklijke Nederlandse Academie van Wetenschappen (2009). *Rekenonderwijs op de basisschool Analyse en sleutels tot verbetering*. Amsterdam: KNAW (Mathematics education in elementary school: Analysis and keys to improvement).

[13] Mayer, R. E. (2004). Should there be a three-strikes rule against pure discovery learning? *American Psychologist*, *59*(1), 14−19.

[14] Piaget, J. (1955). *The construction of reality in the child* (M. Cook, Trans.). London: Routledge and Kegan Paul <http://www.marxists.org/reference/subject/philosophy/works/fr/piaget2.htm>.

[15] Piaget, J. (1970). Piaget' s theory. In P. Mussen (ED.), *Carmichael' s manual of child psychology* (Vol.1, pp. 703−772). New York: John Wiley & Sons.

[16] Shymansky, J. A., Hedges, L. V., & Woodworth, G. (1990). A reassessment of the effects of inquiry-based science curricula of the 60s on student performance. *Journal of Research in Science Teaching*, *27*, 127−144.

[17] Sweller, J., Kirschner, P. A., & Clark, R. E. (2007). Why minimal guidance during instruction does not work: A reply to commentaries. *Educational Psychologist*, *47*(1), 115 −121.

[18] Sweller, J., Mawer, R. F., & Howe, W. (1982). Consequences of history-

cued and means-end strategies in problem solving. *The American Journal of Psychology,* 455−483.

[19] Taraban, R., Box, C., Myers, R., Pollard, R., & Bowen, C. W. (2007). Effects of active-learning experiences on achievement, attitudes, and behaviors in high school biology. *Journal of Research in Science Teaching*, *44*, 960−979.

[20] van Merriënboer, J. J. G., & Kirschner, P. A. (2013). *Ten steps to complex learning* (2nd ed.). Hillsdale, NJ: Erlbaum/Taylor and Francis.

神话 7　通过基于问题的教育，你可以高效地学习 54

一个很流行的假设是：学习如何解决问题是极其重要的（Popper），为了达到这个目标我们必须在学校教学中使用问题解决的教学方法。这导致了基于问题的教育进化成为许多教育系统采用的教或学的方法。例如，马斯特里赫特大学（the University of Maastricht）在过去的 35 年里，就一直采用基于问题的学习方法。该大学将其理念总结如下：

在基于问题的学习中，学生以大约每小组 10 人的形式，在老师的指导下，以解决问题或完成一项学习任务为目标来合作学习。学生所讨论的问题或学习任务往往与他们最终的专业背景相关。首先，在这个阶段学生会调动他们已有的知识。

在讨论中，学生会发现他们还不知道或者不完全理解的东西，找出在哪些方面自己还需要进一步深入自学。这一初步讨论也有助于形成学习目标，这些学习目标将引导后续学习。紧随其后的是自学阶段，学生利用现存的所有资源，对学习目标进行有效地研究和调查。通常在持续两天的自学之后，学生再次聚在一起，重新讨论同样的问题或学习任务。在尝试将学到的内容应用于问题或者学习任务之前，他们会报告学习中的发现并讨论所有关于这个课题的尚不清楚的部分。在第二次讨论中，教师扮演着促进者的角色，时不时地问学生一些需要他们更加深入思考的问题，并鼓励学生将其所学的东西用于实践并进行评估。

换言之，在基于问题解决的学习中，学习者在教师或教练扮演支持者角色的情况下，通过自己来解决一个问题是关键。

然而，正如基尔希纳（Kirschner）、斯维勒（Sweller）、克拉克（Clark）和斯维勒（Sweller）所解释的，将基于问题的学习作为一种教学方法，完全忽视了人类工作记忆的局限性。工作记忆在持久性和容量上非常有限。巴德利（Baddeley）解释了知识是如何被储存在工作记忆中，又是如何在不经过重复的情况下在 30 秒内被遗忘的，工作记忆的容量限制在 7±2 个项目（根据 Miller 的文献）甚至是 4±1 个项目（根据 Cowan 的文献）的范围。
55 当活跃地处理信息而不仅仅是储存信息的时候，能够被处理的事项数量可能只有两个或三个，这取决于需处理事项的性质（Sweller，van Merriënboer，Paas）。

工作记忆和长时记忆之间的相互作用甚至比直接处理信息的限制还要重要。工作记忆的局限性只针对新的、还没有被储存在长时记忆中的等待被学习的信息，处理储存在长时记忆中的先前已经学习过的信息时，这个限制就消失了。因为一个有经验的问题解决者已经在长时记忆中建立了可以用于解决新问题的认知图式。这些图式会作为一个事项在工作记忆中加以处理。但是，当缺少认知图式时，也就是初学者在学校里面对的情况，问题解决只有靠诸如“方法—目的”分析之类的弱方法才有可能实现，这需要学生考虑问题的给定状态与目标状态之间的差距，并且通过漫无目的地搜索解决步骤来缩小差距。在缺少有用的认知图式的情况下，通过“方法—目的”分析或者其他弱方法才是解决目标问题的唯一方式。这个过程会占用大量的工作记忆容量，因为问题解决者必须持续地在工作记忆中关注并处理问题的现有状态、目标状态、目标状态和现有状态之间的关系、缩小这两者差距的解决步骤，以及这一途径中的子目标等。更重要的是，此时的工作记忆不关注任何图式建构过程中的联系，而图式建构的过程就是在识别问题的状态并找到相应的解决步骤，即学会解决问题的过程。因此，学会如何解决问题和解决问题本身是两个非常不同且不兼容的过程。

现在已经有一些替代传统的问题解决的方法，以更有效的方式教会学生如何解决问题，包括使用自由目标问题、工作样例问题和补全问题（请参考 Sweller 等人的相关概述）。自由目标问题不要求问题解决者弄清楚问题现状和目标状态之间的差距，因为其本身没有具体的问题解决目标。为了解决自由目标问题，一个学习者要考虑所遇问题的现有状态，并寻找一个适用的解决步骤，产生一个新的问题状态，在这个新的问题状态下再找到一个新的解决步骤，以此类推。对工作记忆而言，一个自由目标策略只需要关注每个问题现有状态和任何可以适用于该状态的解决步骤，这大大地减少了工作记忆 56
负担。认知图式的建构所需要的正是这种结合。学习工作样例同样也会减少“方法—目的”的搜索和认知负担。和传统的问题相比，工作样例问题将学生的注意力集中在相关的问题状态和相关的解决步骤上，促使他们建构有用的认知图式。补全问题是替代工作样例问题的另一种解决问题方式，它克服了工作样例问题的缺点，即不强迫学习者仔细钻研题目。补全问题给学习者提供了给定状态、目标状态和部分的解决步骤，学习者只要补充完成这部分解决步骤就可以了。就像工作样例问题一样，补全问题降低了认知负担；但与之不同的是，补全问题不需要花费很大的力气就能正确完成任务解决问题。

有大量的证据证明，自由目标问题、工作样例问题和补全问题与传统的问题解决方法相比，在教授问题解决技能和实现学习迁移上，即在一个领域解决新的问题方面要更有效。解决问题作为一种教学方法，只有当学习者已经在一个领域拥有了成熟、有用的认知图式的情况下才会变得有效。正如伦克尔（Renkl）和阿特金森（Atkinson）解释的，从扶到放策略在支持解决问题的新手发展成为经验更加丰富的问题解决者的过程中是至关重要的。例如，一个有效的从扶到放策略是“补全策略”，它将补全问题作为连接工作样例问题（例如，带着一个完整解决步骤的补全问题）和传统问题解决（例如，没有任何给定解决步骤的补全问题）的桥梁。在补全策略中，学习者从学习工作样例入手，然后完成逐渐增加的待解决步骤，并只能在多样而充实的练习之后才能独立解决问题。

那为什么基于问题的教育在专业文献中看起来表现得如此糟糕呢？研究证明，在实践中，它在获取新知识上并不是非常适合。有些研究甚至记录了用这种方法获取知识产生的负效应，这意味着学生有时候甚至会学到错误的东西。然而，如果你用基于问题的学习方法，将先前已经获得的知识应用到
57 新的问题上，就会有明显的积极效应。换言之，基于问题的学习在使用和完善已有的技能及在不同的观念之间建立联系上是非常合适的。但是在获得新的知识或者见解上，这种方式是很不适宜的。由此得出了以下结论，教师在思考使用不同的解决问题策略和提供新的见解上要扮演一个积极的角色，这是非常重要的。

需要微调 :-|

使用基于问题的学习方式来获得新的知识并不具有积极的学习效应。但是如果你使用基于问题的学习方式来进一步探索和记忆自己已经知道的东西，它还是有积极学习效应的。

参考资料：

[1] Baddeley, A. (1992). Working memory. *Science*, *255*, 556–559.

[2] Baddeley, A. (2000). The episodic buffer: A new component of working memory? *Trends in Cognitive Sciences*, *4*, 417–422.

[3] Cowan, N. (2001). The magical number 4 in short-term memory: A reconsideration

of mental storage capacity. *Behavioral and Brain Sciences*, *24*, 87−114.

[4] Dochy, F., Segers, M., Van den Bossche, P., & Gijbels, D. (2003). Effects of problem-based learning: A meta-analysis. *Learning and Instruction*, *13*, 533−568.

[5] Dolmans, D. D. (2010, 27 June). *Innoveren om beter te leren* (Inaugurele rede, Maastricht University) [Innovating to learn better (Inaugural address, Maastricht University)]. Maastricht: Maastricht University. Retrieved July 8, 2012, from <http://www.maastrichtuniversity.nl/web/file?uuid=b63e23d7-e5a2-4056-8a94-9efe1df320f7&owner=0d667d2d-a0b0-439a-9adc-2b4dca0a88cc>.

[6] Gijbels, D., Dochy, F., Van den Bossche, P., & Segers, M. (2005). Effects of problem-based learning: A meta-analysis from the angle of assessment. *Review of Educational Research*, *75*, 27−61.

[7] Kirschner, P., Sweller, J., & Clark, R. (2006). Why minimal guidance during instruction does not work: An analysis of the failure of constructivist, discovery, problem-based, experiential, and inquiry-based teaching. *Educational Psychologist*, *41*(2), 75−86.

[8] Miller, G. A. (1956). The magical number seven, plus or minus two: Some limits on our capacity for processing information. *Psychological Review*, *63*, 81−97.

[9] Newman, M. (2004). *Problem based learning: An exploration of the method and evaluation of its effectiveness in a continuing nursing education programme.* London: Middlesex University.

[10] Popper, K. (1999). *All life is problem solving.* London: Routledge.

[11] Renkl, A., & Atkinson, R. K. (2003). Structuring the transition from example study to problem solving in cognitive skill acquisition: A cognitive load perspective. *Educational Psychologist*, *38*(1), 15−22.

[12] Sweller, J. (1999). *Instructional design in technical areas.* Camberwell,

Australia: ACER Press.

[13] Sweller, J., van Merriënboer, J. J. G., & Paas, F. (1998). Cognitive architecture and instructional design. *Educational Psychology Review, 10*, 251–296.

[14] van Merriënboer, J. J. G. (1997). *Training complex cognitive skills.* Englewood Cliffs, NJ: Educational Technology Publications.

[15] van Merriënboer, J. J. G., & Kirschner, P. A. (2007). *Ten steps to complex learning* (2nd ed.). Hillsdale, NJ: Erlbaum/Taylor and Francis.

58

神话 8　男生在数学上天生比女生要好

真的存在因生理或者基因的影响而使一个性别比另一个性别的人表现得更好吗？例如，男生数学比女生好？一个被广泛相信，而且还不仅限于教师群体的观点是：男生和女生是不同的。女生在语言上表现得更好，而男生在数学上表现得更好。在过去，有若干研究似乎证明了这点，例如国际学生评估项目（PISA）在 2003 年和 2009 年的发现。即使如此，这个观点现在遭受的质疑也在逐渐增加。例如，在国际数学与科学趋势研究（TIMSS）中，各个国家的结果表明，有些情况下女生和男生在数学上的得分一样高，有些情况下，女生甚至得分更高。除此之外，斯托特（Stoet）和吉尔里（Geary）的一个元研究得出结论，支持“差异”观点的过去的研究在科学上并不总是可信的。他们批判了过去证明这些差异存在的研究。虽然他们发现差异确实存在，通常来说是支持男生但是有时也会支持女生，在总体上，这些差异相对来说是很小的。

乔纳森·凯恩（Jonathan Kane）和珍妮特·默茨（Janet Mertz）的一项基于 86 个国家的国际数据的研究提供了证据，这项研究合理地质疑了关于性别和数学能力关系的典型观念。特别是，它质疑了一个被广泛接受的假设：因为男生和女生在生理上是不同的，女生在数学上表现更差。

乔纳森·凯恩和珍妮特·默茨是威斯康星大学的教授（凯恩是数学和计算机科学的教授，默茨是这项研究的主要作者和肿瘤学教授），他们广泛地测试了可能解释男生和女生在数学成绩方面有差异的生理、社会文化和经济因素，并且得出结论：这些假设中没有任何一个是可以用数据来科学地证明的。事实上，他们分析的结果显示，在 2003 年和 2007 年的 TIMSS 中，女生在数学上的总体表现超过男生 5 个点。

研究者把表现上的差异与社会和文化因素相联系，而不仅仅与生理因素相联系。他们通过比较不同国家的数据，提出了这个观点。他们发现在某些 59
国家，男生和女生的数学成绩根本没有差异。研究更加具体、清楚地表明主要是在西方国家，男生才普遍比女生表现得好。正如这篇文章所说，比起性别因素，“将数学表现上的差异主要归结于国家具体的社会因素要更加有道理”。（Kane，Mertz）

关于让男生和女生在同一个班级里，研究者得出结论，把女生单独分在一个班级里看起来对她们并无好处。有着魔鬼经济学家之称的史蒂文·莱维特（Steven Levitt）在先前的调查中发现，根据伊斯兰国家分班制的经验，这是很明显的。威斯康星大学研究的作者之一珍妮特·默茨评论道：“生活在中东一些国家的女生，例如巴林和阿曼，实际上并没有得到很好的分数，但是他们的男生甚至得分更低，发现的这个结果既不与伊斯兰文化相关，也不与在一个单一性别课堂学习相关。”她继续道：“巴林的男生数学平均分较低可能因为部分男生上的是宗教学校，宗教学校中数学课程偏少。同时，有些表现不好的女生很早就辍学了，所以被测试的样本对于总体人口来说不具有代表性。出于这个原因，我们认为将数学表现上的差异归结于国家具体的社会因素要更合理。”（Fryer，Levitt）

丹尼尔（Daniel）和苏珊·D. 瓦耶（Susan D. Voyer）就学校成绩的性别

差异进行了元分析，得出了完全不同的结果。他们的分析跨度为 1914 年到 2011 年，涉及 30 多个国家，基于从 369 个样本中得出的 502 个效果量，反映了 538 710 名男生和 595 332 名女生的成绩。他们在所有样本的效果量中发现了一个很小但是较显著的女性优势。值得一提的是，最大的女性优势是在语言课程上，而最小的是在数学课上。换言之，女性在整体上都具有更高的成绩，即使在数学上也是如此。

这里很有趣的是，相对于标准化成就测试上的得分，作者还研究了学校学业成就。他们的理由是：“学校得分反映了在课堂这一更大的社会环境中的学习情况，这需要很长时间的努力和坚持，反之标准化考试只分析了在某一个时间点的基本的或专业的学习能力和态度，并没有社会影响。”（D. Voyer，S. D. Voyer）

结论是，尽管一般的观念（事实上是刻板印象）是男生在数学和科学上
60 比女生表现得好，然而在接近一个世纪的时间里，女生在学校中比男生要得到更高的分数。他们说：“虽然在成绩测试上性别差异基本上遵循了刻板印象的模式，即男生在数学和科学上的得分更高，但是无论如何女性在学校分数上仍然具有优势。”（D. Voyer，S. D. Voyer）

为什么会这样呢？作者推断将文化和社会因素相结合或许能解释得到的结果，即为什么女生和男生之间的差异——女生表现得更好——在数学上如此小。他们认为：“对于男性，父母倾向于将数学表现归结于能力，而对于女性，则归结为努力，这一事实可能会导致男性和女性在对待学校作业时的不同。具体而言，至少在数学课程上，父母所做的不同归因可能会使他们更多地鼓励女性努力而不是男性。这种不同的努力程度或许能部分地解释女性在数学上的微弱优势。”（D. Voyer，S. D. Voyer）换言之，如果父母（还有可能是老师）没有接受这种刻板印象并根据它来行动，男性和女性之间的差异可能会更大！最后，他们建议用学校学业成就来代替标准化分数，因为“研究已经表明，女生倾向于为了理解材料而学习（学校学业成就），而男生强

调表现（在标准化测试中），这暗示了在最终的成绩上的聚焦。一般来说，对于事物主旨的掌握会比强调表现得到更好的分数，这可以部分地解释为什么男性比女性得分低”。

危机？什么样的危机？

上述研究（D. Voyer，S. D. Voyer）表明，恐慌性地声称存在性别危机——或实际上是男孩危机（包括与之相关的教育女性化和恢复单一性别教室的问题，在这本书在后面还要涉及）——需要彻底革新教育的呼声是因为男孩现在落后于女孩，一百年以来，女生的学业成绩几乎一直高于男生的成绩，在近几年也没有大的变化。作者研究表明，“女性学业成绩总体表现优于男性这是一个事实，绝大多数实行义务教育的国家对此都是秘而不宣，很少引起全球性关注”。

这一推断已经被挪威的一项研究所支持，它主要证明了愿意去练习的程度决定了一个人是否擅长数学，并且即使一个人已经很擅长一种特定类型的数学知识，其内在的能力也不足以在缺少练习的情况下使他擅长其他的数学领域。（Sigmundsson，Polman，Lorås）

总之，我们可以得出结论，在很多研究中，男生确实在数学上获得了比女生更好的成绩，但是在其他的研究中，女生有时也会比男生得分要高。然而，总体的差异是如此之小，以至于它不应该被考虑。学生的性别并不是一个好的预测数学成绩的因子。

但远远不止这些。想象在一个没有表达数字词汇的世界里，你还能够得出结论吗？答案可能是“不”。在一个对皮拉哈（Pirahã）部落的研究（Everett，Madora）中，这变得很明显。该部落住在亚马孙的雨林中，他们只有三个形容数量的词汇，“*hòi*”意味着“很小的数或者数量”，“*hoi*”意味着“稍微大一点的数字或数量”，“*baàgiso*”意味着“感到满意的理由”或者“最大的数字或数量”。这个部落社区是世界上少数几个完全没有数字的社区之一。那么这说明了什么呢？他们的成员确实对于数学运算感到困难。

这和男生更擅长数学、女生更擅长语言这一普遍的观念有什么关系呢？其相关性在于，它显示了这个前提显然不是正确的。统计资料表明，在语言上表现强的女生通常在数学上也更强，因为要在数学上表现好——正如皮拉哈部落在反面证明的——你需要有好的语言技能。

简而言之，整个男女生差异的观点就是一个传统的固化思维和自证预言所产生的典型例子。这个差异并不存在，所以不要相信它。

神话 :-\

女生并不是天生在数学上就不如男生，事实就是这么简单。

参考资料：

[1] Everett, C., & Madora, K. (2011). Quantity recognition among speakers of an anumeric language. *Cognitive Science*, *36*(1), 130−141.

62 [2] Fryer, R. G., Jr., & Levitt, S. D. (2009). *An empirical analysis of the gender gap in mathematics.* National Bureau of Economic Research (No.w15430).

[3] Kane, J. M., & Mertz, J. E. (2012). Debunking myths about gender and mathematics performance. *Notices of the American Mathematical Society*, *59*, 10−21.

[4] Sigmundsson, R., Polman, R. C. J., & Lorås, H. (2013). Exploring individual differences in children’s mathematical skills: A correlational and dimensional approach. *Psychological Reports*, *113*(1), 23−30.

[5] Stoet, G., & Geary, D. C. (2012). Can stereotype threat explain the gender gap in mathematics performance and achievement? *Review of General Psychology*,

16(1), 93–102.

[6] Voyer, D., & Voyer, S. D. (2014). Gender differences in scholastic achievement: A meta-analysis. *Psychological Bulletin*, *140*, 1174–1204.

[7] Wei, W., Lu, H., Zhao, H., Chen, C., Dong, Q., & Zhou, X. (2012). Gender differences in children' s arithmetic performance are accounted for by gender differences in language abilities. *Psychological Science*, *23*, 320–330.

神话 9　教育时要考虑智力类型的差异

63

近几年来，教育界被霍华德·加德纳（Howard Gardner）的“多元智能理论”所统治。这个理论在 1983 年第一次由这位美国心理学家提出。根据加德纳的理论，智力是“一种能处理信息的生物心理潜能，它能在解决有文化价值的问题或创造有文化价值的产品时被激发”。也就是说——如果我们从客观的角度去看——智力不是学习的能力，而是通过多元智能处理信息的能力，并且这些多元智能代表大脑的不同部分。

为什么这个想法对许多人有吸引力？因为从某种程度来说，这意味着一些在经典智商（IQ）测验中得分比较低的人能够在一些特定的测验中表现得很好。这个理论促进了从“所有孩子有公平的机会来达到他们所能达到的全部智力极限”到“所有孩子在智力结构上是相同的，只是他们在特定的智能上表现出差异”的观念转变。这个观点与 20 世纪后半叶兴起的社会民主理论相适应，即所有人享有基本的平等。在存在反智主义和反精英主义的时代，我们可以发现“不存在一种万能的且‘不公平’的智力，每个人在适合自己的领域里都是爱因斯坦”这个想法是非常吸引人的。

加德纳定义了以下几种智力类型：

◇语词、语言智力（语言能力）

◇数字、逻辑智力（数学能力）

◇视觉、空间智力（图像能力）

◇音乐、节奏智力（音乐能力）

◇身体运动智力（运动能力）

◇人际关系智力（交往能力）

◇内省智力（自身洞察能力）

◇自然智力（认识自然能力）

很重要的一点是，根据加德纳的理论，上述智力类型中包含的内容并不是一成不变的。随着时间的推移，新的智力类型可能出现，旧的智力类型可
64 能消失。最近一个被添加的智力类型就是存在智力（哲学智力）——意味着对宗教信仰、哲理和人生意义有较好的理解。

那些追随这个理论的教师做了许多有价值的工作，因为他们认识到了人与人之间的差异。我们不想批评这些工作的价值，但是这些工作的基础似乎并不可靠。尤其是，有一个人认为多元智能理论在教育界经常被错误地理解，这个人就是霍华德·加德纳本人！

一个让我感到不高兴的神话是，人们将我的智能理论和学习风格相提并论。学习风格讲的是人怎样处理所有事情。如果你擅长制订计划，那么大家就期待你做的所有事情都有计划。我自己的研究和观察让我怀疑这是一个错误的假设。

如果我们谈论多元智能理论，意思是人对不同类型的事情有不同的反应，如语言、音乐或是人际交往。这是完全不同于学习风格的东西。

你可能认为一个孩子是视觉学习者，但是不要用多元智能理论来说事。我会说你的孩子有空间意识，他能轻松地将空间中的事物视觉化，我们就可以利用这种优势教孩子新知识。

但这不是全部。在同一个采访中，加德纳抱怨他的理论被用于教育实践

的其他方面。

另一个广为流传的神话是，因为我们有七或八种智力类型，所以我们需要发展同样数量的不同测验，以便每个孩子在每种智力类型上的表现都可以被测量。这是对该理论的一种误解。这与经典智力测试犯了同样的错误，并且这个错误被放大了好几倍。就我自身而言，我是反对智商测量的，除非它应用于特定的学习目标，例如我们想要对孩子的过去经历有更好的理解，或者我们想要在数学上帮助他，或是我们想帮助特定的孩子为他标出一个合适的起点。

这段话来自1997年的采访，但是在2013年的论文中，加德纳再次驳斥将他的多元智能理论与学习风格思维混为一谈。（Strauss）

我们现在知道智力类型和学习风格是不一样的，但它们真的是加德纳主张的智力类型吗？

在准备这一章节时，我们阅读了数十篇有关多元智能理论的文献。弗吉
尼亚大学的认知心理学家丹尼尔·威林厄姆（Daniel Willingham）对这些观 65
点做出了最好的总结，他认为加德纳所提出的“智力”（intelligences）实际
上是“才能”（talents）。

为什么我们将音乐、运动、人际交往能力看成是智力类型？加德纳肯定不是第一个提出人类有这些能力的心理学家。出色的智力研究者——西里尔·伯特（Cyril Burt）、雷蒙德·卡特尔（Raymond Cattell）、路易斯·瑟斯通（Louis Thurstone）讨论了许多人类能力，包括美学的、运动的、音乐的等。而区别就在于他们称这些为“才能”或“能力”，而加德纳将其重新命名为“智力”。（Willingham）

威林厄姆相信——甚至是加德纳自己也曾经暗示了类似的想法——如果不用“智力”这个名称，这个理论将永远不会得到如此多的注意。威林厄姆认为这个术语是不正确的。根据他所说的，“智力”一直以来指的是一种让孩子在学校表现出色的思维技能。毕竟，第一个智力测验就是为了预测这种

出色表现的可能性而设计的。如果某一方面在学校里十分重要，那么智力测验中就会包括它。

多元智能理论存在一些问题。首先，根据林恩·沃特豪斯（Lynn Waterhouse）于2006年在《教育心理学家》上发表的文章可知，在那个时候没有任何已发表的研究可以为多元智能理论的效度提供证据。然而，理论的支持者比如说陈（Chen）提出的“一个理论不一定因有实证检验支撑才变得有价值”，以及“智力也不是一个可被测量的有形体”这些观点，并不能让理论免除对有效实证数据的需要。她又称加德纳自己让“设置的无形的理论概念”几乎不可能被证实，因为测量需要智力类型构成要素有清晰的定义，但是加德纳称他自己也不能定义这些要素。这一说法跟解释“在控制条件下，不寻常的事不会发生是因为在测试环境中的‘氛围’设置不对”是类似的。即使在足球场里面的所有人都营造出重力不存在的“氛围”，一旦我把手中的啤酒泼出去，啤酒还是会落在地上。

另一个由沃特豪斯提出的问题是，研究表明加德纳提出的很多智力类别之间彼此高度相关，因此不能很好地区别开来。在技能方面的认知表现与语词—语言、逻辑—数学、视觉—空间任务，以及许多记忆任务有高相关性，
66 换句话说也就是一般智力。她得出了以下结论：

> 将这个理论用于课堂实践的热情需要被节制，因为我们清楚它还缺乏良好的实证支撑，很可能这个方法对于促进学生学习并没有真正的用处，学生得到的仅仅是对一个新奇事物的新鲜感罢了。（Waterhouse，2006）

伦敦大学教育学院的教育哲学荣誉教授约翰·怀特（John White），在讨论加德纳多元智能理论的问题时，提出了一些相关的问题。首先，这是一个关于发展的理论。理论假定在生物领域出现的现象也可以在精神领域中找到。怀特假定发展主义存在两个问题，即：

> ◇在生物领域这就像是种子或者初始状态。“不管是植物的种子或动物胚胎，只要处在适当的环境条件下，它们就拥有内在的力量发育成更复杂的

形态”。一个新生儿也有一定的天生能力，比如看和听的能力、想要觅食的欲望等。这些能力并没有“发育成更复杂的形态的内在动力”。它们可能会发生改变，变得更细化，（即使人们对此可能有不同的理解）但是它们不会发育成其他形态。这些变化是人社会化后的文化产物，导致有些人喜欢汉堡和薯条，有些人喜欢牡蛎和鹅肝酱，有些人去看格斗比赛，有些人去听歌剧。彼此之间没有优劣之分，但是最原始的吃和看的欲望和能力却在社会文化方面变得更加细化。

◇成熟状态（加德纳所说的最终状态）在物质层面上是明确的。一个完全长成的人、虫或植物不能再继续生长了。尽管所有生物实体都在改变，这些改变要么是为了维持一个平稳的状态，要么是导致个体不可避免地衰退，而不是类似学习这种成长性改变。如果我们把加德纳的理论应用于心智，实际上说的是在加德纳的每个智力类型中，我们都有心智的天花板，我们不仅仅能维持稳定状态（比如，在生理成熟之前我们不能知道更多，只能维持已经学到的东西），我们还会衰退（比如，我们的大脑会不可避免地退化）。

但是他提出了主要的疑虑——“并不是与多元智能理论本身有关，而是 67
与它现在在教育界的影响有关。如果我是正确的，这八九个智力类型并不存在。如果是这样，基于此理论的学校改革又暗示了什么呢？在目前情况下，我们鼓励孩子认识自己是因为他们自己在某些领域有与生俱来的能力，这是他们自我理解的一部分。但是如果这个理论是错误的，他们对自身的理解就可能是不真实的了。”

换句话说，多元智能理论更像是自尊的增强剂，而不是有关教和学的药方（加德纳也不希望自己的科学理论被错误地用在学校改革上）。怀特继而提出了自己的观点，以更好的方法提升自尊。“事物是建立在事实的基础上而不是建立于幻觉”，并且他认为在分类框架中看一个人的智力类型“与过去智商理论限制孩子自我认知一样，在某种程度上这是陈旧的宿命论的新说法”。

加德纳理论的教育支持者认为这个新的智力类型大致上是与经典智能理论有相同意义的，因此得出结论：如果人有一种特殊的智力类型，那么学校就应该教这方面的知识。这会引发对学校应有功能的有趣讨论，但是事实是这个理论与最初的智能理论相背离。这并不是说你作为一个老师不用尽可能多地发现学生不同的才能并最大限度地运用这些才能，而是仅仅让你记住这可能并不是加德纳所说的智能。

吉尔福德智力结构模型——一个已经被深入研究的替代品？

吉尔福德（J. P. Guilford），一位“智力不是一个单一的概念”的支持者在 1955 年第一次提出智力结构模型（图 9）。他在后续几年中根据实证心理测量研究对此进行调整。在该模型中，一个人的智力可以被分成三个相互独立的维度、180 个不同的部分：

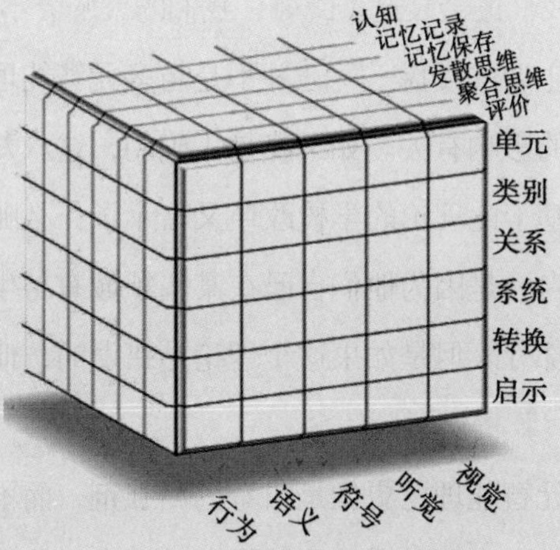

图 9　吉尔福德的智力结构模型

来源：由佩德罗·德·布鲁伊克（Pedro De Bruyckere）设计，据 Guilford, J. P.(1988). *Some changes in the structure of intellect model*. Educational and Psychological Measurement, 48, 1–4。

◇六个操作过程：认知、记忆记录、记忆保存、发散思维、聚合思维、评价。

◇六个产物：单元、类别、关系、系统、转换、启示。

◇五个内容：视觉、听觉、符号、语义、行为。

因为这些维度是相互独立的，所以在理论上智力有 180 个不同的部分（$6\times6\times5=180$）。

资料来源：

[1] Guilford, J. P. (1967). *The nature of human intelligence.* New York: McGraw-Hill.

[2] Guilford, J. P. (1988). Some changes in the structure of intellect model. *Educational and Psychological Measurement*, *48*, 1–4.

[3] Guilford, J. P., & Hoepfner, R. (1971). *The analysis of intelligence* New York: McGraw-Hill.

需要微调 :-|

我们更倾向于将多元智能理论看成是一种哲学而不是一个已经被证实的理论。我们并没有称它为一个神话，但是严格地说，它有成为神话的潜质。

参考资料：

[1] Adey, P. (2012). From fixed IQ to multiple intelligences. In P. Adey, & J. Dillon (Eds.), *Bad education* (pp. 199–214). Maidenhead: Open University Press.

[2] Checkley, K. (1997). The first seve... and the eighth intelligence: A conversation with Howard Gardner. *Educational Leadership*, *55*(1), 8–13.

[3] Gardner, H. (1983). *Frames of mind: The theory of multiple intelligences.* New York: Basic Books.

[4] Geake, J. (2008). Neuromythologies in education. *Educational Research*, *50*, 69

123−133.

[5] Strauss, V. (2013, October 16). Howard Gardner: “Multiple intelligences” are not “learning styles”. Retrieved March 31, 2014, from <http://www.washingtonpost.com/blogs/answer-sheet/wp/2013/10/16/howard-gardner-multiple-intelligences-are-not-learning-styles/>.

[6] Waterhouse, L. (2006). Multiple intelligences, the Mozart effect, and emotional intelligence: A critical review. *Educational Psychologist*, *41*(4), 207−225.

[7] White, J. (2005). *Howard Gardner: The myth of multiple intelligences* London: Institute of Education Viewpoint No. 16.

[8] Willingham, D. T. (2004, Summer). Reframing the mind. *Education Next*. Retrieved May 30, 2012, from <http://educationnext.org/reframing-the-mind/>.

神话 10　记忆能忠实地记录我们所体验的一切

作为与学习不同的另一方面，记住所学的东西也是日常生活中很重要的一部分，因此，它也是教育中不可或缺的一部分。有些人的记忆力有欠缺，有些人却可以记住很多东西。很不幸的是，没有人的记忆力是完美无缺的。事实上，在我们的长期记忆中记录的所有东西都是我们过去对外界信息处理的结果（有意识地或无意识地）。想象一下，你在学校的走廊里从一个教室走到另一个教室，你正在被外界刺激不断地轰炸着，但是你只记得吸引你注意的东西。你会回忆起从学校食堂飘来的意大利面酱汁的香味（这时将近午餐时间，你已经十分饿了），但是不会注意到学校舞会的海报（你不是一个喜欢参加舞会的人）。

有时候你会听到别人说他有详细准确的记忆。在 1970 年，一个叫查尔斯 · 施特罗迈尔三世（Charles Stromeyer Ⅲ）的哈佛科学家在《自然》杂志上发表了一篇文章，文章描述了伊丽莎白的惊人案例。她似乎真的拥有一个完美的记忆力：她能记住看到的一切。值得一提的是，她的特别之处可以说是前无古人、后无来者。但是最近，她结婚后拒绝进行同样的记忆测试……

我们想问的第一个问题是：记忆到底是什么？但是这并不是一个简单的问题。

首先，在心理学上，记忆是对信息编码、储存、回忆的过程。通过编码，外界信息到达我们的感觉；通过存储，我们将这些信息保存更长或更短的时间；通过回忆，我们定位并取回已存储的信息。

其次是认知和认知体系结构理论，比如说阿特金森（Atkinson）和希福林（Shiffrin）在 1968 年提出的多重记忆存储模型辨别出了至少三种记忆类型，即感觉记忆、短时记忆（工作记忆）与长时记忆（图 10）。

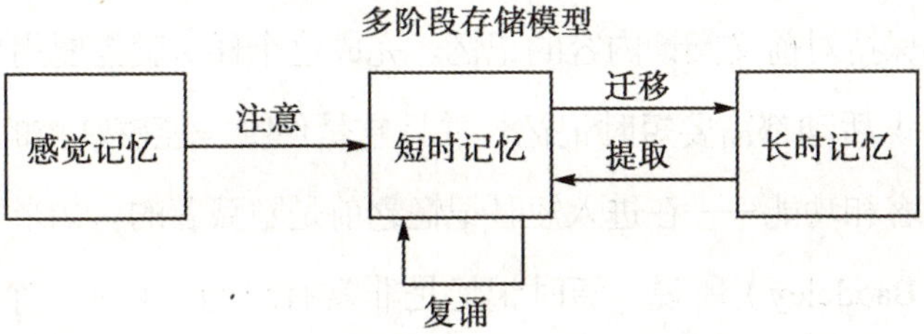

图 10　阿特金森和希福林的记忆多阶段存储模型

采自 Atkinson, R. C., & Shiffrin, R. M. (1968). Human memory: A proposed system and its control processes. In K. W. Spence & J. T. Spence (Eds.), *The psychology of learning and motivation* (Vol. 2) (pp. 89–195). New York: Academic Press. Reprinted within the STM Permissions Guidelines (see http://www.stm-assoc. org/ permissions-guidelines/ and http://www.stm-assoc. org/2015_01_29_STM_ Permissions_ Guidelines_2014.pdf).

“感觉记忆”是一切的开始。信息，即来自外部世界的刺激使我们产生一种或多种感觉。在典型的教育和学习中，人主要通过耳朵或眼睛来形成感觉。但是在一些学习中，其他三种感觉也十分重要。比如一个人在学习烹饪，那么需要运用味觉；如果一个人在学习化学芳香剂或是植物中的花，那么需要运用嗅觉；如果一个人学习运动或是一个医学生学习诊断病人，那么需要运用触觉。通过五种感觉通道，信息进入感觉记忆。在感觉记忆中相关联的信息会被选择性地存储到短时记忆中。在这种情况下，感觉记忆对通过五种感觉通道接收的外界刺激起到缓冲的作用。由感觉记忆储存的外界刺激是十分准确的，但也十分短暂。很重要的一点是这里有一个选择的过程，因为人的感觉在不断地收到外界的信息（想想你现在所处房间里的所有声音），但是你只会选择你注意到的。还有一种情况是你会故意选择忽略一些感觉刺激。

“短时记忆”是你在阅读这篇文章时瞬间用到的记忆（刺激通过注意和识别进入到你的感觉登记器中）。它扮演着“便签簿”的角色，用来暂时回忆在任何时间点加工的任何信息。为了便于理解，举个例子，当你阅读下文时，你需要保持对前文阅读内容的记忆。完成这个任务就需要用到短时记忆。你全部的意识活动都需要短时记忆，并且它是你唯一能够掌控的记忆。其他东西——内容和功能——在进入短时记忆之前是隐藏着的。如米勒（Miller）
72 和巴德利（Baddeley）所说，短时记忆是非常有限的，它在一个时间段中只能保存 7 个左右的项目或要素，并且在几秒内，如果你不做任何处理，这些东西都会丢失。作为一个读者，当你阅读一个有很多从句的复杂句子时，可能有这样的经历：在读完这个句子时，你可能已经忘记读了什么，然后不得不重新读一遍。此外，因为短时记忆也运用于组织、对比、比较或处理信息，你也许只能同时处理 2 ~ 3 个信息中的要素。最后，短时记忆并不是一个单一的结构，而是一个至少有两个特定模式的系统：一个是视觉空间模式（比如写文字和画画），一个是语言回路模式（比如声音）。这两个特定模式由中央处理系统协调，它能从大脑的其他地方提取信息。

相反，“长时记忆”用于理解你现在做的事并赋予其意义。它是知识和技能的长久储藏库，包括一些并不需要在当前运用但是能够帮助理解的记忆。通过巩固强化，短时记忆可以变成长时记忆。我们复诵短时记忆所保存的内容，并将其与储存在长时记忆中的图式进行有意义的联结。大多数认知学家认为长时记忆是没有限度的，并且可以永远地存储人所学到的东西。人并不是直接意识到长时记忆，而是通过短时记忆来获知长时记忆的内容和功能。

最后，还有其他几种记忆，这几种记忆与事情被感知、处理及存储的地点和方式之间的关系较弱，但与信息的种类有很大的关系。比如：

◇“陈述性记忆”处理明确且有意识的回忆，并且由直接存储和提取的信息组成。陈述性记忆可以被细分成“语义记忆”和“情节记忆”。语义记忆指个体对周围世界中一切独立于情境的事物的认识，包括事实、含义、概念和知识。情节记忆通常与一系列基于某一特殊情境的事件或经历有关，比 73
如生活中的时间和地点。情节记忆的一个子类是自传式记忆，它处理我们生活中的特殊事件。

◇与陈述性记忆相反，“程序性记忆”并不是以有意识的回忆为基础，而是以隐性学习为基础。这种记忆主要在学习动作技能和需要不断重复练习的情境中发生作用。程序性记忆的特征之一是记住的东西会被自动地转化为行动，所以有些时候描述起来比较困难。在德语里，这被称为“信手拈来的感觉”。在英语里，这被称为内隐的知识。

◇“地形记忆”是指人在空间中定位的能力，让人能够辨识和跟随一条路线，或是认出熟悉的地方。

◇“闪光灯记忆”是针对独特而有强烈情感的事件的一种清醒的情境记忆。比如说，当人们第一次听到肯尼迪总统被暗杀或“9·11”事件发生的新闻时，他们会记得自己当时所处的地方以及正在做的事情。

只有很少一部分人能有异常清晰的记忆。他们通常是相对年轻和相对年迈的人群（Searleman）。这种类似于摄影式的记忆，让他们能够回忆起自己看到过的事情的图像。但是回忆起的图像并不能准确地复原。运用这种类型的记忆，你看见过的东西都是被你已有的或是你希望看到的认知加工过的。因此这并不能看作是完美的摄影。

一般来说，我们很少能记住细节。大脑只能记住我们最需要的东西，当我们回忆的时候也只能简单地填充细节。就这样，看起来我们记住了全部，但是这种草率的“填充”通常是不正确的。这是因为：

◇记忆是笼统的甚至是模糊的。存储在记忆中的图像与真正的图像相比，更不清晰、信息更不丰富。

◇记忆通常自动且无意识地将感知到的信息储存（也就是编码）为语言而不是图像。举个例子，对于一个房间，我们会存储类似大、小、吵闹、安静、明亮、昏暗等这样的信息。本书一位作者最近回到他高中的老体育馆，在他的印象中那个体育馆十分壮观，所以当他再次看到体育馆的时候，简直难以相信它是如此狭小。

74 ◇填补记忆的空白是一个利用其他来源的信息，比如先前已存在的框架和其他记忆对其进行重建的过程。我们解释自己所看到的事物，使其符合既有的框架（皮亚杰称之为“同化”）并将其和别的记忆混合，这些记忆要么是真实的个人经历，要么是由想象而间接体验到的（比如，通过阅读书中的故事，听录音机上的内容，看电影或者电视上的东西产生的记忆）。

◇由于系统性偏差，记忆会有系统性的扭曲。我们知道的东西决定了看到的东西以及自己的体验，而非相反。

◇记忆是私人的，因为我们用自身的世界观对事件进行解释。这是所有建构主义学习原则的基础。不同的人看同样的事件、阅读同样的文章会有不同的理解和记忆。

◇记忆一直在变化（最原始的东西在丢失）和重铸（记忆一直被新的信息更新）。我们一遍又一遍地回忆一件事的时候，会从原先的版本中丢弃一些细节，又将一些新的细节添加到新的版本中。任何事情都是一样的，当新的版本产生时，准确度也会下降。

举个例子，马克·斯奈德（Mark Snyder）和西摩·乌拉诺维兹（Seymour Uranowitz）的研究表明，“刻板印象”经常在回忆的过程中起着作用。他们请被试者阅读一个详细文本，文本概述了一个叫贝蒂的女性的生活故事。测试组中有一半的人被告知贝蒂是异性恋，另一半的人被告知贝蒂是同性恋。两组人接下来都进行了阅读后的记忆测试。斯奈德和乌拉诺维兹最后得出结论，人们“调整”了对故事的复述来迎合自己对贝蒂的印象（同性恋或异性恋），比如在有关贝蒂和父亲的父女关系记忆，以及贝蒂在空闲时间做什么的记忆上。

提问的方式对我们的记忆也有影响。1974 年，伊丽莎白·洛夫特斯（Elisabeth Loftus）和约翰·帕尔默（John Palmer）做了一个传奇的实验来证明这一点。他们向测试者展示了一个描绘车祸的幻灯片，接着测试者要回答关于幻灯片内容的问题。但是一些问题是有暗示性的。例如，在幻灯片上有一个清晰可见的“停止”标志，但其中的一个问题暗示说这是一个“允许通行”标志。当提问的时候，那些被暗示的人比那些没有被暗示的人更频繁地报告他们看到了“允许通行”标志。这证明你的记忆并不总是像你想的那样准确。

但是我是亲眼看到的！

接下来的内容来自艾伦·巴德利（Alan Baddeley）在《你的记忆：用户指南》一书中所说的：

澳大利亚的目击者专家唐纳德·汤姆森（Donald Thomson）在一个电视节目上说目击者的记忆并不可靠。他在随后便被捕了，被放在一群嫌疑人当中并且被受害者指控为侵犯她的男人。即使案发时汤姆森正在上电视节目，警察依然指控了他。警方认为他的不在场证明是不成立的，尽管他当时就在广大电视观众的眼前，而且和一群嘉宾坐在一起，在场嘉宾中还有一位副警官。警察还冷笑着说："对，我还觉得你和耶稣、英格兰女王坐在一块儿呢。"最后，调查者发现受害人被强奸犯袭击的时候在看电视——就是汤姆森出现的那个节目。受害人把犯人的脸和电视节目中的脸搞混了。警方最终释放了汤姆森。

资料来源：

Baddeley, A. D. (2004). *Your memory: A user' s guide.* Richmond Hill, Canada: Firefly Books.

神话 :-\

不要相信你的记忆，因为它们不是100%的正确。记忆总是有偏差的。作为一个教师，了解这一点很重要。

参考资料：

[1] Atkinson, R. C., & Shiffrin, R. M. (1986). Human memory: A proposed system and its control processes. In K. W. Spence, & J. T. Spence (Eds.), *The psychology of learning and motivation* (Vol. 2, pp. 89–195). New York: Academic Press.

[2] Baddeley, A. D. (1992). Working memory. *Science*, *255*, 556–559.

[3] Bower, G. H. (1975). Cognitive psychology: An introduction. In W. K. Estes (Ed.), *Handbook of learning and cognitive processes: Volume 1:Introduction to concepts and issues* (pp. 25–80). Hillsdale, NJ: Erlbaum.

[4] Gilbert, D. T. (2006). *Stumbling on happiness.* New York: A. A. Knopf.

[5] Kapur, N. (2011). *The paradoxical brain.* Cambridge, MA: Cambridge University Press.

[6] Lilienfeld, S. O. (2010). *50 great myths of popular psychology: Shattering*

widespread misconceptions about human behavior. Chichester, UK: Wiley-Blackwell.

[7] Loftus, E., & Palmer, J. (1974). Reconstruction of automobile destruction: An example of the interaction between language and memory. *Journal of Verbal Learning and Verbal Behavior*, *13*, 585−589.

[8] Miller, G. A. (1956). The magical number seven, plus or minus two: Some limits on our capacity for processing information. *Psychological Review*, *63*, 81−97.

[9] Searleman, A. (2007, March). Is there such a thing as a photographic memory? And if so, can it be learned? *Scientific American*. Retrieved July 9, 2012, from <http://www.scientificamerican.com/article/is-there-such-a-thing-as/>.

[10] Snyder, M., & Uranowitz, S. W. (1978). Reconstructing the past: Some cognitive consequences of person perception. *Journal of Personality and Social Psychology*, *36*, 941−950.

[11] Willingham, D. T. (2009). *Why don' t students like school? A cognitive scientist answers questions about how the mind works and what it means for the classroom.* San Francisco, CA: Jossey-Bass.

神话 11　学校教育是创造力的天敌 77

肯·鲁宾逊（Ken Robinson）的 RSA 动画视频——“改变教育的范式”，是教育相关视频中浏览量最高的视频之一。鲁宾逊因他的三个“并没有什么不同”TED 演讲闻名。我们可以讨论视频中的很多观点，但是一个主要论点引发了很多人的共鸣：学校扼杀了创造力。

在视频中，鲁宾逊描述了最早由吉尔福德（Guilford）在 1967 年提出的“不同用途任务”或“不同用途测试”。在这个测试当中应试者要尽可能多地列举一个常见家用物品（如砖头、回形针、报纸）的用途。

鲁宾逊指出一个可以找到回形针 200 种用法的人是个天才，而大多数 6 岁以前的孩子基本上都是天才。但是他们一旦开始上学，就变得平庸了，只能提出平均 10 ～ 15 种用法。鲁宾逊没有在这里引用文献来证明，但是 1993 年兰德（Land）和贾曼（Jarman）在《突破和超越：把握未来—现在》一书中，讨论了一个 1968 年的实验：1600 个 3 ～ 5 岁的孩子被要求接受一个和吉尔福德的测验类似的创造力测验。这个实验是美国国家航空和宇航局（NASA）用来测试工程师和科学家发散思维能力的。然后，在这一批孩子 10 岁和 15 岁的时候，他们重新接受了测试。

因为孩子们的发散思维能力变弱了，所以学校扼杀了创造力。但是现在仍然对此有一些争议。

首先，鲁宾逊将天才和创造力视作近义词。但这是恰当的吗？创造力和智力（用 IQ 衡量）是同一个过程的一部分（这被称为联合假设），还是代表了两个不同的心理过程（非联合假设）？事实上吉尔福德是在 20 世纪 50 年代到 60 年代间发起这场辩论的研究者之一。然而，IQ 和创造力的相关性其实很低。（Batey，Furnham）

另一个关于创造力和智力之联系的可能的解释是：阈值假设。这个假设的提出人是埃利斯·保罗·托兰斯（Ellis Paul Torrance）。他根据吉尔福德最初的测试目的设计了一个测验。阈值假设认为创造力需要很高的智力，但
78 是高智力本身不足以具备创造力。金（Kim）在 2005 年的元分析中，检验了这个假设的正确性，他发现智力和创造力之间的相关性不大，因此该实验不支持这个理论。

但是鲁宾逊认为天才的判定不是一个“是或否”的二元问题，创造力也是一样，他用了一些研究来证明所有人生下来都是富有创造力的天才，然而学校扮演了负面角色。

基思·索耶（Keith Sawyer）在自己关于创造力科学的书中第一章综述了创造力方面的研究。这个概念确实有很多不同的观点，而且这些观点都随着时间在变化。每个孩子生下来都富有创造力，然而社会在他们的成长过程中慢慢侵蚀着他们，这个想法“源于19世纪浪漫主义时代观念，即认为孩子是更加纯粹、更加接近自然的”。这和从卢梭的著作《爱弥儿》中流行起来的观念紧密相关。

但这是真的吗？如果我们着眼于儿童发展时候的变化，皮亚杰、维果斯基等人的观点是：孩子在学习新事物时，他们其实是在构建和创造新知识。玩耍也是创造力的一个重要元素。举个例子，索耶发现5岁孩子玩耍时，即兴而发的玩耍比3岁的孩子多得多。因此，一个孩子可能生下来并不富有创造力，相反，他们是通过学习而变得有创造力。然而自6岁之后，从正式上学的阶段起，通过学习而变得有创造力这一过程就不再发生了吗？

首先，孩子玩过家家游戏的质与量和后来测量出的孩子的创造力有高相关性，这很有趣。（仅仅是相关关系，而不是已证明的因果关系）

但是当我们学的东西越来越多时，大多数研究都显示年龄越大越有创造力。有些研究[例如托兰斯（Torrance）]提到了一个四级衰退模式，但是其他更新近的实验并没有发现这些衰退。而且就算的确存在这种衰退，也不是学校的错。伦科（Runco）总结道：这个四级衰退模式就算存在，也不会像托兰斯想的那样归因于学校高度程序化的教育系统。相反，它可能源自孩子自然的成熟过程。当孩子的思想和道德观逐渐进入“文明的”“传统的”世界的时候，或者更笼统地，当孩子走在通向成人的“后传统”时期的必经之路（Sawyer）的时候，这个成熟过程就会发生。索耶认为这些将成长视为衰退的观点具有误导性。

学校在创造力被扼杀的过程中到底扮演了什么角色？索耶的著作中有一 79
章关于教育和创造力的讨论与我们的问题有很大关联。其中重要的一段值得我们分享：

我相信学校在激发创造力的过程中扮演着不可或缺的角色。我们已经知道创造力要求人掌握并精通某一方面的知识……正规学校教育是一个向学生传递专业知识的绝佳途径。没有一个研究表明为了变得更加富有创造力，我们必须摆脱学校的束缚。当然，如果学校可以更好地遵循创造力研究的成果来教育学生，那么学校将能更好地激发学生的创造力。

头脑风暴或许是获得原创性、创造性方案的蹩脚方法

头脑风暴（Brainstorming）不仅仅在教育界闻名，在工作领域也是一样。但是，一篇《纽约客》杂志上的文章让我们重新思考这个广泛应用的方法是否真的很有价值。这篇文章解释了 1948 年广告执行官亚历克斯·奥斯本（Alex Osborn）是如何首先提出“头脑风暴”这个概念的。他的著作《你的创造力》轰动一时，最吸引人的是这本书第 33 章关于头脑风暴的论述。

但是到底什么是头脑风暴？这是一个发挥创造力的方法，其目的是对一个特定的事物产生许许多多的新点子。它的特点是参与者只能在事后衡量这些想法的价值，而不能在头脑风暴的过程中加以评判。

也许你自己也参加过头脑风暴，但是这里有一个不幸的消息，对于产生优秀和富有创造力的方案来说，这是最烂的方法之一。华盛顿大学的心理学家基思·索耶，总结了学界对头脑风暴的看法：

几十年的研究一致表明在小组开展头脑风暴比同样数量的人各自思考然后分享得到的想法更少。

如果头脑风暴得出的点子的质量比其他方法得出的更好，那么事情还没那么糟糕，然而事实正相反。事实上，人们的协同工作越来越多，合作是个好事，但是在经典形式的头脑风暴中，并非如此。有一些方法的确有用，但是它们和我们在传统意义上理解的头脑风暴不是一回事。

2003 年，加州大学伯克利分校的一位心理学教授查兰·内梅特（Charlan Nemeth），将 265 位女学生分为五组。她给每一组同样的问题，即“如何解决旧金山湾高峰期的交通拥挤难题？”她还提出了解决问题过程中小组需要遵循的方法，要求第一组采用经典的头脑风暴法，对提出的建议不做好坏评价。第二组采用辩论的方式，告知该组学生：大多数研究表明，要想得到最佳的解决方案，必须提出尽可能多的方案，并对这些方案进行自由的评判或者讨论，以达到最好的效果。第三组没有给予指导，只是以他们觉得好的方式处理问题就可以了。（Nemeth 等人）

实验结果一目了然。第一组比第三组效果好一些，但是与第二组的效果相比相差甚远。经过辩论所达到的创造性效果最好。进一步的研究表明，如果将小组学生拆散后向他们个别提问相同的问题，头脑风暴组的学生和无指导组的学生平均只能提出三项建议，而辩论组的学生平均能提出七项额外的建议。

现在已经广泛接受的观点是：知识劳动者应该在适当的紧密联系中共事。既不能贴身靠近让人觉得不舒服，又不能隔得太远让人难以接近。这对研究人员来说也是至关重要的。工作中人们保持大约 10 米之内的距离可能是比较理想的。哈佛医学院的艾萨克·科哈尼（Isaac Kohane）对此总结如下：

如果你想要高效地与人合作共事，那么，重要的是要创造一种适宜的空间，能够使彼此迸出思维的火花。即使是在互联网时代，人与人之间的会面也是挺有实效的一件事情。

资料来源：

[1] Feinberg, M., & Nemeth, C. (2008). *The "rules" of brainstorming: An impediment to creativity*? Berkeley, CA: University of California (Institute for Research on Labor and Employment Working Paper Series, Working Paper No. Irwps-167-08).

[2] Lee, K., Brownstein, J., Mills, R., & Kohane, I. (2010). Does collocation inform the impact of collaboration? *Plos ONE*. *5*(12), e14279 Available at <http://www.plosone.org/article/info%3Adoi%2F10.1371%2Fjournal.pone.0014279>.

[3] Nemeth, C. J., Personnaz, M., Personnaz, B., & Goncalo, J. A. (2003). *The liberating role of conflict in group creativity. A cross cultural study*. Institute for Research on Labor and Employment.

[4] Osborn, A. F. (1957). *Applied imagination* (1st ed.). New York: Scribner.

[5] Sawyer, R. K. (2012). *Explaining creativity: The science of human innovation*. Oxford: Oxford University Press.

81 神话 :-\

也许学校在促进和培养创造力方面做得不够，但是它们绝对不会扼杀创造力！

参考资料：

[1] Batey, M., & Furnham, A. (2006). Creativity, intelligence, and personality: A critical review of the scattered literature. *Genetic, Social, and General Psychology Monographs*, *132*, 355−429.

[2] Guilford, J. P. (1967). *The nature of human intelligence*. New York: McGraw-Hill.

[3] Kim, K. H. (2005). Can only intelligent people be creative? A meta-analysis. *Prufrock Journal*, *16*(2−3), 57−66.

[4] Land, G., & Jarman, B. (1993). *Breakpoint and beyond: Mastering the future-today*. New York: HarperCollins.

[5] Robinson, K. (2010, October 14). RSA Animate-Changing education paradigms. Retrieved May 31, 2014, from <https://www.youtube.com/watch?v= zDZFcDG

pL4U & feature=kp>.

[6] Runco, M. A. (2003). *Critical creative processes*. Cresskill, NJ: Hampton Press.

[7] Torrance, E. P. (1968). A longitudinal examination of the fourth grade slump in creativity. *Gifted Child Quarterly*, *12*(4), 195−199.

[8] Torrance, E. P. (1981). Predicting the creativity of elementary school children (1958-80)-and the teacher who "made a difference". *Gifted Child Quarterly*, *25*(2), 55−62.

神话 12　我们 93% 的交流都是非语言性的 82

这个神话有时被称为梅拉比安神话，名字来自艾伯特·梅拉比安（Albert Mehrabian，1939—　）。他是加州大学洛杉矶分校的心理学名誉教授，他从语言交流与非语言交流所占比重的角度研究了两者之间的关系。他的研究得出了著名的“7−38−55”法则。这个法则给出了我们使用的 3 种交流方式的相对比例：

◇我们使用的语言传达了所有传递信息的 7%。

◇我们使用的语音语调传达了所有传递信息的 38%。

◇我们的肢体语言传达了所有传递信息的 55%。

和多元智能理论一样，这个理论的发明者并不喜欢他人对这个理论频繁地误解和误用。第一，梅拉比安警示道：请注意此类衡量语言和非语言交流方式重要性的数学公式是通过针对情感与态度的交流（例如喜欢和憎恶）实验得出的。除非交流者正在表达他的感觉和态度，否则这些公式是不成立的。

在英国广播公司（BBC）的一个专访当中，记者直截了当地问梅拉比安在我们交流时是否有 93% 的信息都是通过非语言方式传递的，梅拉比安回答：“当然不是，每当我听到我的理论被这样曲解，我的心里都会打哆嗦。对任何至少有一点常识的人来说，这都是错误的。”

梅拉比安在给马克斯·阿特金森（Max Atkinson）的一封电子邮件当中以及他的《请侧耳倾听》一书中写道：“显然，我对别人如此曲解我的结论感到很不高兴，从一开始我就很努力地告诉人们这一研究发现的局限性。但很不幸，那些自封的‘企业形象顾问’和‘领导力顾问’当中并没有几个真正懂心理学的。”

再来谈谈一个神话的持久能力。即使是最初发现这些现象的研究者也没办法除去这个会自己成长的怪物。

83

呐喊和低语

本书的一个作者（保罗）—— 一个出生在美国的人，刚到荷兰就去看了一部电影。因为刚刚来这个国家两星期，而且没什么系统的荷兰语知识，他选择了一部听起来像是英语的电影——《呐喊和低语》（由英格玛·伯格曼导演）。但他最后看到了一部很有视觉冲击力的瑞典电影（电影原名叫“Viskningar och rop”），而且是荷兰语字幕的。即使电影演员的表现很出色，你认为保罗或者你能从这部听不懂语言、看不懂字幕的电影里面获取93%的信息吗？

顺便告诉大家，根据互联网电影资料库（IMDb），这部电影的剧情是（我们没人曾看过这部电影）：在20世纪的瑞典，当两个女士探望一个将要死于癌症的姐妹的时候，她们长期压抑的情感从心底逐渐浮到表面。

让我们理性地加以看待。当你阅读着这些文字，却没有看到或听到真人在讲述的时候，你毫无疑问能够理解我们想表达的思想。而且类似的例子还有很多，例如打电话交流，或者当你的配偶在浴室洗澡的时候你在厨房和她交谈。当然，语言交流经常出岔子，非语言交流会扮演一个重要的角色，但是请记住梅拉比安最初的结论只是基于人类表达自己的感情时的情况。他从不认为自己的结论能够被推广到人类所有的交流情形当中去。

除去作者的解释和常识，还有第三个理由证明这个理论是不能够随便使用的。这个实验并不能被视为在生态学上是有效的或能够在现实生活中被应用的。举个例子，在梅拉比安的一个实验当中被试者需要决定9个单词的感情，包括：正面的——亲爱的（dear）、谢谢（thanks）、甜心（honey）；负面的——粗鲁的（brute）、不要（don't）、糟糕的（terrible）；中性的——噢（oh）、可能（maybe）、真的（really）。每一个单词都分别用正面、负面或中性的感情读出来。除此之外，这些发音又和看起来正面的、负面的及中性的人脸照片互相组合。被试者被要求依据组合后的单词/语音或单词/照片来判断这些单词的词性，而上文中的统计结果就来源于此。梅拉比安称在这个完全人为、非自然情况的实验中，脸部照片传递了55%的信息，语音传达了38%的信息，文字只传达了7%的信息。他的这些实验展示了声调和脸部表情是如何掩盖一个单词词性信息的。

很不幸，这几乎和学习金字塔神话一样令人失望。梅拉比安有限的实验结果被人抛开实验背景加以重复、曲解、转述，直到“93%的信息都是由非语言交流传递的”被当作事实。

这个故事告诉我们什么？当然，它体现了人们已经意识到非语言的交流有多重要。确实很重要。但是为什么我们会将这个结论夸大到如此荒谬的程度？这是一个完全不同的问题。

神话 :-\

即使是理论的创造者也被人们曲解这一百分比的行为所困扰。这个百分比可能只在人们表达自己的感情时有效，并不适用于其他情况。

如果你不在小时候学一门语言，那么就失去了学习它的机会

有很多神话是关于学习语言的。其中一个是：学习语言的最好机会是你小的时候，否则，日后你需要花费好几倍的时间和力气来学习这门语言。这个神话源于埃里克·伦内伯格（Eric Lenneberg）在1967年提出的关键期理论和康拉德·洛伦兹（Konrad Lorenz）在20世纪70年代的实验。这也是皮亚杰等人的发展理论的典型论点。伦内伯格提出的结论之一是母语必须在青春期时学习。在这之后大脑的一些改变会使得学习母语变得不可能。

这些理论被推广到外语学习上。但是现代研究者认为关键期理论是一个神话。他们认为人类学习并不存在关键期。人类可能存在敏感期，在敏感期内，我们会觉得学习更加容易。但这并不表示过了这个期限人就不能学习这个东西了。当婴儿出生的时候，他们分辨不同声音的能力非常强，但是随着年龄增长，他们的能力会退化。例如，日本人会发现区别“r”和“l”的发音变得越来越难。这一过程通常在出生后6~12个月之间开始。

85 对于很多事情，“越早起步越好”这句话是对的，但是同时出现的“过了特定时期就没法再学某项技能”的观点就过于悲观了。很多文献记载了人脑的延展性，但同时我们不能太夸大这个延展性（如果真有那么夸张，那么脑创伤就不会有实际那么严重了），脑的延展性足够让我们在一个更晚的时期学习一项技能。

帕列尔（Pallier）等人在2003年的研究中发现，忘记自己的母语这种荒谬的事情也是可能发生的（本书作者之一——一个美国作家，在某种程度上天天体验着自己脑中的英语一点点地转变为荷兰式英语的过程，这使他经常问同事：××× 用英语是怎么说的？）。他们的研究显

示：一群在 8 岁时被收养的韩国孩子生活在法国乡下，他们成年之后完全忘记了自己的母语。他们被高效地灌输了一种新的母语。不过需要注意的是，这些孩子在被收养之后再没有接触过韩语。

神话 :-

学习一门新语言的关键期是否存在？过了敏感期，学习语言的确变得更加困难，但是并非不可能。

资料来源：

[1] Bruer, J. T. (1999). *The myth of the first three years: A new understanding of early brain development and lifelong learning.* New York: Free Press.

[2] Byrnes, J. P. (2001). *Minds, brains, and learning: Understanding the psychological and educational relevance of neuroscientific research.* New York: Guilford Press.

[3] Goswami, U. (2006). Neuroscience and education: From research to practice? *Nature Reviews Neuroscience*, 7(5), 406–413.

[4] Lenneberg, E. H. (1967). *Biological foundations of language.* New York: Wiley.

[5] Pallier, C., Dehaene, S., Poline, J. B., LeBihan, D., Argenti, A. M., Dupoux, E., et al. (2003). Brain imaging of language plasticity in adopted adults: Can a second language replace the first? *Cerebral Cortex*, *13*, 155–161.

参考资料：

[1] Atkinson, M. (2004). *Lend me your ears.* New York: Oxford University Press.

[2] Mehrabian, A. (1972). *Nonverbal communication.* Chicago, IL: Aldine-Atherton.

[3] Mehrabian, A. (1981). *Silent messages: Implicit communication of emotions and attitudes.* Belmont, CA: Wadsworth.

[4] Mehrabian, A. (2011). "Silent messages" : A wealth of information about

nonverbal communication. Retrieved September 2, 2012, from <http://www.kaaj. com/psych/smorder.html>.

[5] Mehrabian, A., & Ferris, S. R. (1967). Inference of attitudes from nonverbal communication in two channels. *Journal of Consulting Psychology*, *31*, 248-452.

86

关于学习我们究竟了解些什么?

如果到目前为止，我们对学习神话的论述打击了你的信心，（因为你现在知道有些你正在使用的方法可能没有你想象的那么有效）不要灰心！本小节我们会介绍一些方法，其有效性得到了科学研究的支持。

反馈

如果人们恰当地加以使用，反馈能够在我们的学习中起到至关重要的作用。但若反馈不得当，所产生的消极影响可能会大于积极影响。哈蒂（Hattie）和廷珀利（Timperley）在一篇2007年的综述文章中区分了你可以给予学习者的四个水平的反馈：

◇任务型反馈——“用一个具体的例子引入课堂内容，将使教学内容更清楚。”

◇过程型反馈——“你还没有准备好去学习这些材料。”

◇自我调控型反馈（关于如何指导学习者注意力、情感和行为的反馈）——“尽管你对此没有信心，但还是先尝试去完成这个练习。”

◇个人型反馈——“你在这方面真的很出色！”

瓜施（Guasch）、埃斯帕萨（Espasa）、阿尔瓦雷扎（Alvareza）和基尔希纳（Kirschner）在关于教师反馈和同伴反馈的研究中，做了进一步延伸，提及了纠正型、建议型及认知型的反馈，他们这样描述这三种不同类型的反馈：

◇纠正型反馈——对任务要求和内容的准确性做出评论。（例如：“这不是所要求的任务。”“这个概念不太正确。”）

◇建议型反馈——提出有助于发展或推进观点的建议，让观点得到更多的探索、扩充和完善。（例如：在每个论述或段落的结尾加一个例子可以让你的观点更加清楚。）

◇认知型反馈——提出寻求进一步解释或者批判性澄清的请求。（例如：“你认为这个观点反映了作者研究中的重点吗？”）

这些不同类型和不同水平的反馈通常都可以混合使用，比如“干得好！你真的很聪明！”这句话就混合了任务型反馈和个人型反馈。不过，最有效的反馈是在不同阶段及水平之间变化发展的，即从任务型到过程型再到自我调控型。这对于瓜施等提及的第二种反馈分类系统依然奏效，比如“你认为这句话足够使你信服吗？我们推荐你重新阅读这篇文章并找到不同理论之间的异同。它能够帮助你更好地执行任务”就混合了认知型反馈和建议型反馈。 87

同样值得注意的是，最好不要给予大量相同水平上的反馈。比如，如果你给出了太多关于“做什么”的反馈却忽视了“如何做”的反馈，你的同伴或者员工可能会产生很重的心理负担。自我调控型的反馈只有当学习者相信努力付出会带来可观的回报时才会起作用。

与此同时，书面评论可能会比一个模糊的数字（比如5/10）产生更大的影响。研究表明，如果你同时给出数字和一条书面评论，学习者几乎只关注数字而不阅读评论。

记忆的基石：加工和情感

尽管通过反复教导仍然可以将一些内容灌输给学生，但如果你真的想让他们记住的话，你需要从以下的两种方式入手：让学生思考你希望他们记住的东西或者将这些记忆对象与他们的情感相联系。我们在本章第十个关于记忆的神话中举了一个例子，当一个人穿过学校走廊时，他只能记住那些引起特殊感知的事物。这个例子说明好奇心是怎样帮助你记住东西的。作为一个老师，在课堂结束时强调一下整节课需要掌握的要点，不失为一个好主意。当你做到这一步后，尝试想一个贴切的最好是令人感到惊喜的问题，这能够引导学生跟着教学计划走。出题时要注意，让学生感受到挑战性，即需要认真思考才有可能解决问题。

另外，情感联结同样是一种很好的帮助记忆的方式。当特定的气味、声音，甚至是一首歌与特定的情感关联起来时会更容易被记忆。你总不可能是那个忘记自己婚礼开场舞曲的人吧？

通过具体例子学习

人不是生来就会抽象思考的。请用便于理解的话语表达思想，这样学习者才能将这些思想关联到他们的实际生活中去。为了做到这一点，你通常可以提及感觉：这东西闻起来怎样？尝起来怎样？会带来怎样的感觉？

一种特定的具象化学习方式便是借助于讲故事来帮助我们更好地记忆。认知研究表明，我们的大脑对于故事会产生与其他信息形式不同的反应，好像故事拥有心理上的特权。我们更容易理解故事，更能够准确地记住它们并且更喜欢听故事。如果你在备课，不妨仔细思考如何将课程变成一个好故事，并且不要忘了：好的故事通常包含特点鲜明的角色、矛盾冲突，以及化解冲突的曲折情节。（Schank，Abelson）

请给学习者变化和惊喜

人们很快就会适应现状，但一旦我们生活环境里有东西发生改变，我们会立刻给予它更多的关注。因此，在课堂上每隔 15 分钟就尝试一些新的东西是一个不错的出发点。比如，讲一个笑话或故事，展示一幅视觉图像，或者从另一个不同角度审视这堂课的学习内容。

一定要有足够的休息

不同的研究表明，在学习过程中间歇性暂停是非常重要的，可使学习者真正练习学到的东西。在一整天的高强度训练结束后，如果你不休息、不睡觉，那么你将一无所获。如果你不留足时间供信息加工处理，过度训练后反而会抑制学习。一项由认知神经学家乔尔·皮尔逊（Joel Pearson）开展的研究发现，一组学习 2 小时且中途休息 1 小时的计算机受训人员比另一组连续学习 2 小时的学员学到了更多的东西。（Ashley，Pearson）

罗森海因的 10 条好的教学原则

根据多年对认知科学、专业老师的课堂实践，以及帮助学生学习复杂任务的认知支持的研究，巴拉克·罗森海因（Barak Rosenshine）总结出了 10 条好的教学原则。尽管被很多人认为是建构主义者（指代那些提倡“教”的重要性而非让学生自主发现的学者），巴拉克·罗森海因建议教师可以用以下 10 条原则帮助学生与学习材料互动、积极地学习从而确保对材料的掌握和持久性的理解：

1. 每日回顾之前的学习内容：每日回顾可以强化之前的学习并且有利于对学习内容流畅地回忆。（建议阅读：Miller，1956；LaBerge，Samuels，

1974.）

2. 每次少量地呈现新的学习材料：一次只呈现少量的新材料，之后帮助学生练习这些材料。（建议阅读：Evertson，Anderson，Anderson，Brophy，1980；Brophy，Good，1990.）

3. 提问题：问题可以帮助学生利用新信息和新材料与他们之前的学习相关联。（建议阅读：Good，Grouws，1979；King，1994.）

4. 提供示范：给学生提供示范和样例能帮助学生更快地学会解决问题。（建议阅读：Sweller，1994；Rosenshine，Chapman，Meister，1996；Schoenfeld，1985.）

5. 指导学生练习：成功的教师会花更多的时间指导学生练习新材料。（建议阅读：Evertson et al.，1980；Kirschner，Sweller，Clark，2006.）

6. 检查学生的理解：在每个阶段检查学生的理解情况能够帮助学生在学习材料时犯更少的错误。（建议阅读：Fisher，Frey，2007；Dunkin，1978.）

7. 获得一个高成功率：在课堂教学阶段让学生取得高成功率至关重要。（建议阅读：Anderson，Burns，1987；Frederiksen，1984.）

8. 为完成一些困难的任务提供脚手架：为了帮助学生学习一些困难的
90 任务，教师可向他们提供暂时的支持，即脚手架。（建议阅读：Pressley，Woloshyn，1995；Rosenshine，Meister，1992.）

9. 要求并且监督独立练习：为了使学生能自如运用技能和知识，他们需要大量、成功的独立练习。（建议阅读：Rosenshine，2009；Slavin，1996.）

10. 带学生进行每周总结和每月总结：为了使知识融会贯通，学生需要参与大量练习。（建议阅读：Good，Grouws，1979；Kulik，Kulik，1979.）

参考资料：

[1] Anderson, L. W., & Burns, R. B. (1987). Values, evidence, and mastery learning. *Review of Educational Research*, *57*, 215–224.

[2] Anderson, R. C. (1997). The notion of schemata and the educational enterprise: General discussion of the conference. In R. C. Anderson, R. J. Spiro, & W. E. Montague (Eds.), *Schooling and the acquisition of knowledge* (pp. 415–431). Hillsdale, NJ: Erlbaum.

[3] Ashley, S., & Pearson, J. (2012). When more equals less: Overtraining inhibits perceptual learning owing to lack of wakeful consolidation. *Proceedings of the Royal Society Biological Sciences*, *279*(1745), 4143–4147.

[4] Berkowitz, S. J. (1986). Effects of instruction in text organization on sixth grade students' memory for expository reading. *Reading Research Quarterly*, *21*(2), 161–178.

[5] Brophy, J. E., & Good, T. L. (1986). Teacher behavior and student achievement. In M. C. Wittrock (Ed.), *Handbook of research on teaching* (3rd ed., pp. 328–375). New York: Macmillan.

[6] Brophy, J., & Good, T. (1990). *Educational psychology: A realistic approach.* New York: Longman.

[7] Brown, J., Collins, A., & Duguid, P. (1989). Situated cognition and the culture of learning. *Educational Researcher*, *18*, 32–42.

[8] Collins, A. (1988). *Cognitive apprenticeship and instructional technology.* Cambridge, MA: BBN Labs (Technical Report No.6899).

[9] Dunkin, M. J. (1978). Student characteristics, classroom processes, and student achievement. *Journal of Educational Psychology*, *70*, 998–1009.

[10] Evertson, C. M., Anderson, C. W., Anderson, L. M., & Brophy, J. E. (1980). Relationships between classroom behaviors and student outcomes in junior high mathematics and English classes. *American Educational Research*

Journal, *17*,43–60.

[11] Fisher, D., & Frey, A. (2007). *Checking for understanding: Formative assessment techniques for your classroom.* Arlington, VA: Association for Supervision and Curriculum Development.

[12] Frederiksen, N. (1984). Implications of cognitive theory for instruction in problem-solving. *Review of Educational Research*, *54*, 363–407.

[13] Gage, N. L. (1978). *The scientific basis of the art of teaching.* New York, NY: Teachers College Press.

[14] Good, T. L., & Grouws, D. A. (1977). Teaching effects: A process-product study in fourth grade mathematics classrooms. *Journal of Teacher Education*, *28*, 40–54.

[15] Good, T. L., & Grouws, D. A. (1979). The Missouri mathematics effectiveness project. *Journal of Educational Psychology*, *71*, 143–155.

[16] Guasch, T., Esposa, A., Alvareza, I. M., & Kirschner, P. A. (2013). Effects of feedback on collaborative writing in an online learning environment: Type of feedback and the feedback-giver. *Distance Education*, *34*, 324–338.

[17] Hattie, J. (2009). *Visible learning: A synthesis of over 800 meta-analyses relating to achievement.* London: Routledge.

[18] Hattie, J., & Timperley, H. (2007). The power of feedback. *Review of Educational Research*, *77*(1), 81–112.

[19] King, A. (1994). Guiding knowledge construction in the classroom: Effects of teaching children how to question and how to explain. *American Educational Research Journal*, *30*, 338–368.

[20] Kirschner, P. A., Sweller, J., & Clark, R. E. (2006). Why minimal guidance during instruction does not work: An analysis of the failure of constructivist, discovery, problem-based, experiential, and inquiry based teaching. *Educational Psychologist*, *41*, 75–86.

[21] Kulik, J. A., & Kulik, C. C. (1979). College teaching. In P. L. Peterson, & W. J. Walberg (Eds.), *Research on teaching: Concepts, findings, and implications* (pp. 70–93). Berkeley, CA: McCutchan.

[22] Laberge, D., & Samuels, S. J. (1974). Toward a theory of automatic information in reading. *Cognitive Psychology*, *6*, 293–323.

[23] Miller, G. A. (1956). The magical number seven, plus or minus two: Some limits on our capacity for processing information. *Psychological Review*, *63*, 81–97.

[24] Paul, A. M. (2012, July 25). How to get-and keep-someone’ s attention. Retrieved July 25, 2012, from <http://ideas.time.com/2012/07/25/how-to-get-and- keep-someones-attention/?iid=op-main-lede>.

[25] Pressley, M., & Woloshyn, V. (1995). *Cognitive strategy instruction that really improves children’ s academic performance* (2nd ed.). Cambridge, MA: Brookline Books.

[26] Rosenshine, B. (2009). The empirical support for direct instruction. In S. Tobias, & T. M. Duffy (Eds.), *Constructivist instruction: Success or failure*? (pp. 201–220). New York: Routledge.

[27] Rosenshine, B. (2010). *Principles of instruction* (*Band 21 “Educational Practices Series”*). Brussels: International Academy of Education and Geneva: International Bureau of Education [Online Document] Retrieved from <http://www.ibe.unesco.org/fileadmin/user_upload/ Publications/Educational_Practices/EdPractices_21pdf>.

[28]Rosenshine, B. (2012). Principles of instruction: Research-based strategies that all teachers should know. *American Educator*, *36*(1), 12–19, 39. Retrieved May 23, 2014, from<https://www.aft.org/pdfs/americaneducator/spring2012/Rosenshine. pdf >.

[29] Rosenshine, B., Chapman, S., & Meister, C. (1996). Teaching students to generate questions: A review of the intervention studies. *Review of*

Educational Research, *66*,181−221.

[30] Rosenshine, B., & Meister, C. (1992). The use of scaffolds for teaching higher level cognitive strategies. *Educational Leadership*, April, 26−33.

[31] Rosenshine, B., & Stevens, R. (1986). Teaching functions. In M. C. Witrock, (Ed.), *Handbook of research on teaching* (3rd ed., pp. 376−391). New York: Macmillan.

[32] Rumelhart, D. E., & Norman, D. A. (1978). Accretion, tuning, and restructuring: Three models of learning. In J. W. Cotton, & R. Klatzky (Eds.), *Semantic factors in cognition* (pp. 37−53). Hillsdale, NJ: Erlbaum.

[33] Schank, R. C., & Abelson, R. P. (1995). Knowledge and memory: The real story. In R. S. Wyer, Jr (ed.), *Knowledge and memory* (pp. 1−85). Hillsdale, NJ: Lawrence Earlbaum Associates.

[34] Schoenfeld, A. H. (1985). *Mathematical problem solving.* New York: Academic Press.

[35] Slavin, R. E. (1996). *Education for all.* Exton, PA: Swets & Zeitlinger.

92 [36] Spiro, R., Coulson, R., Feltovich, P., & Anderson, D. (1998). *Cognitive flexibility theory: Advanced knowledge acquisition in ill-structured domains.* Champaign, IL: University of Illinois, Center for the Study of Reading (Technical Report No.441).

[37] Stallings, J. A., & Kaskowitz, D. (1974). *Follow through classroom observations.* Menlo Park, CA: SRI International.

[38] Sweller, J. (1994). Cognitive load theory, learning difficulty and instructional design. *Learning and Instruction*, *4*, 295−312.

[39] Willingham, D. T. (2004, Summer). The privileged status of story. AFT. Retrieved November 2,2012, from<http://www.aft.org/periodical/american-educator/summer -2004/ask -cognitive-scientist>.

[40] Willingham, D. T. (2009). *Why don' t students like school? A cognitive scientist answers questions about how the mind works and what it means for the classroom.* San Francisco, CA: Jossey-Bass.

第三章

大脑神经活动的神话

93 简目

那些热衷在课堂里运用神经科学知识的教师也正是那些最容易相信大脑神经活动神话的人。（Dekker，Lee，Howard-Jones，Jolles，2012）

引　言

在 2007 年，苏珊·皮克林(Susan Pickering)和保罗·霍华德-琼斯（Paul Howard-Jones）调查了教师对神经科学在教育学领域内的角色与地位的看法，结果发现 90% 左右的教职员工认为神经科学中的观点对教育学有着重要意义，并且赞同将神经科学的理论整合到日常的教学活动中。然而，大多数发表的科
94 研论文却指出神经科学是一门相对较新的学科，并且神经学家研究的内容与教育学家关注的内容之间有着巨大的差别。事实上，苏珊·皮克林和保罗·霍华德-琼斯的调研也发现了教师

对神经科学的理解千差万别。

尽管如此，教育学专业中还是有数不清的人试图说明他们所知道的所有关于大脑与教育之间关系的内容，不过，这些纷杂的解释反而造成人们对神经科学的理解不一致、不准确。当然，教育神话正是从这种矛盾中诞生的。事实上，目前仅有认知心理学的理论能有效地运用到教育学中，不过在具体的实践过程中还有不少需要注意的地方。

神经科学的确也有着类似的潜在价值，即能够有效地为教育学服务。但就目前来说，我们对这一学科的运用只有两条实际结论：

◇即使是此时此刻，我们依旧不太了解大脑究竟是如何活动的。

◇更重要的是，在实践中很难将我们对大脑的认知加以概括并形成一系列具体的行为准则，更不用说构思出有效的方法去指导这些行为。

另外，还有一个问题值得我们反思，当我们看到“大脑”这个词时，往往会倾向于相信他人对“大脑”所做出的描述或解释。戴维·麦凯布（David McCabe）和艾伦·卡斯特尔（Alan Castel）曾做过一个有趣的实验。他们将被试者分成两组（其中一组是神经学家组，另一组则是非专家组）并且向被试者提供一些关于不同心理现象的解释。针对每一种心理现象有四类答案可供选择：

◇一个正确的解释。

◇一个错误的解释。

◇一个“添油加醋”的正确解释，并且补充的神经学方面的细节与问题中所提及的心理现象没有任何关系。

◇一个“添油加醋”的错误解释，并且补充的神经学方面的细节与问题中所提及的心理现象没有任何关系。

值得欣慰的是，两组被试者一般都会认同我们给出的正确解释。不过值得注意的是，非专家组中有少部分人选择了错误的解释，并且他们始终倾向于选择那些带有“添油加醋”式解释的错误答案而非那些没有任何细节补充的错误选项。

另外，如果在结论推导过程中添加了脑部扫描的图像，这种倾向则变得更突出。

95 那么，关于教师呢？教师是否真的相信大脑神经活动的神话？桑内·德克尔（Sanne Dekker）和他的同事曾进行过一项研究，并将其成果发表在网络期刊《心理学前沿》（*Frontiers in Psychology*）上。他们关注的是那些表示对神经科学与教育学之间的关系感兴趣的教育工作者。你可以认为这些人能够很好地区别“值得信赖”的科学发现与“断章取义”的伪科学观点。在调研开始之前，他们事先准备好了 32 个命题，其中有 15 个错误命题随机分布于命题表单中。换句话说，这些错误命题正是容易产生迷惑的“大脑神经活动的神话”，并且有些容易产生争论的命题会放在列表的前页，如“我们只利用了大脑能力的 10%”，而正确的命题也分布于其中，如“男孩的大脑比女孩的更大”“大脑的左右半球往往是一起工作的”等。于是，正式的调研在教育专业机构中展开，242 名工作人员（137 名英国人，105 名荷兰人）对这些命题进行了判断。研究者想知道有多少错误的“大脑神话”会被这些人认为是正确的。令人吃惊的是，结果为 49%，也就是近一半数量的错误会被这些教育工作者接受。更值得关注的是，那些对大脑的运转与工作有着良好认知的教师反而更加相信那些错误的神话！霍华德 - 琼斯曾将在土耳其、希腊和中国所做的实验与这一数据进行对比，结果发现大脑神话的“盲信率”在这三个地方依旧很高。

这些结论都是令人困扰的。那些最热衷于将神经科学带入课堂的教师也正是最容易相信大脑神经活动神话的群体。基于此，我们接下来就讨论那些最“深得人心”的错误神话。

参考资料：

[1] Bennett, T. (2013). Separating neuromyths from science in education. *New Scientist,* 2932. Retrieved May 15, 2014, from<http://www.newscientist.com/article/ mg21929320.200-separating-neuromyths-from-science-in-education.html>.

[2] Bressler, S. L., & Menon, V. (2010). Large-scale brain networks in cognition: Emerging methods and principles. *Trends in Cognitive Sciences*, *14*, 277−290.

[3] Dekker, S., Lee, N. C., Howard-Jones, P. A., & Jolles, J. (2012). Neuromyths in education: Prevalence and predictors of misconceptions among teachers. *Frontiers of Psychology*, *3*, 429.

[4] Howard-Jones, P. A. (2014). Neuroscience and education: Myths and messages. *Nature Reviews Neuroscience*.

[5] McCabe, D. P., & Castel, A. D. (2007). Seeing is believing: The effect of brain images on judgments of scientific reasoning. *Cognition*, *107*, 343−352.

[6] Pantazatos, S. P. (2014). Prediction of individual season of birth using MRI. *NeuroImage*, *88*, 61−68.

[7] Pickering, S. J., & Howard-Jones, P. A. (2007). Educators' views of the role of neuroscience in education: A study of UK and international perspectives. *Mind, Brain and Education*, *1*(3), 109−113.

神话 1 我们都擅长于多管齐下式的学习

教师经常会问自己这样一个问题，即那些想要在同一时间做多件事的学生是否能真正在每件事上合理分配注意。许多公开发表的论文与媒体都指出现在的年轻人不仅能够做到“一心多用”，而且还是“一心多用”的专家。所谓“一心多用”，是指能够同时处理两件或以上需要思考（如信息的加工与处理）的事情的能力。

我们热衷于相信自己可以做到多管齐下、一心多用，那是因为在某种程度上，这似乎是说得通的：从直观上看，我们似乎真的能够在同一时间完成多项任务处理。举个例子，开车这一行为就包含了一系列需要同时进行的动作：换挡变速、操作方向盘、观察反光镜等。有经验的驾驶员能够一边与车内的朋友聊天一边完成以上所有动作。不过，他们真的能做到吗？事实上，处理多项任务的能力要比表面上看起来的复杂得多。这里存在一个重要的问题，即人类是真的能够同时处理多项任务，还是在不同任务之间通过注意力的调试与转换来完成多项任务，也就是所谓的“任务交换”。

事实上，只有在某些特定的情景下我们才可以进行多重任务加工，如人们对完成某项任务积累了大量的经验，完成该任务已可实现完全的“自动化”，执行时就不需要思维或信息加工处理。一边走路一边谈话是大多数人都能做到的事情。尽管如此，当人们过于专注对话时，还是不能排除发生事故的可能性。再举个例子，当我们面临全新的环境时，可能就无法正确识别在这个新环境中所包含的事物（也就是说，我们看到了这一事物但并不对其加工处理），因此我们可能会被路边石绊倒、撞上路灯的灯柱、错过应该要转弯的街角处等。这就说明人并不具备在同一时间思考两件完全不同的事情的能力。换句话说，人是通过任务转换来完成这一系列思考与行为的，即在不同任务上分配不同的注意力并根据任务需要进行适时转换。由于注意力转换时间都比较短，因此每项任务的执行看起来就像是同时进行的一样，不过事实并非如此。大脑对于能够处理的认知过程的数量具有严格的限制，这便是“认知瓶颈”。迈克尔·托比（Michael Tombu）率领其研究团队在神经元簇的层面 97
上证明了认知瓶颈的存在，这一发现说明在同一时间执行不同的认知任务要比我们想象的更加困难。

举个例子，你是否尝试过与他人通电话的同时，在电脑上编写邮件？这其实并不简单，对吗？实际上，这是一个非常困难的任务。尽管每一项任务单独看起来都不是什么复杂的事，但是当我们要尝试同时处理时就会觉得执行其中的某一项任务会妨碍并分散自己在另一项任务上的注意力，结果这两项任务都不能顺利完成。写邮件时，由于需思考你要输入的内容，于是就会漏听电话那头的人说过的话。你的确听到对方在说什么，但并没有对内容进行加工处理。其原因就是几乎没有人能够成功地做到多管齐下、一心多用，不管是女性还是男性，Y 世代、Z 世代还是其他什么世代。

本书的一位作者过去就指出：研究已经一次又一次地证明，同时的多任务处理会导致注意力分散与流失，这就需要花更多的时间去学习，且带来更糟的学习结果。举个例子，为了掌握一篇简单文章的内容，“多管齐下”的学习者（同时进行阅读与文字输入）与“单项连续”的学习者相比，不仅需要花费近两倍的时间，并且在过程中还会出现近两倍的错误。再说到学习，我们借助在美国洛杉矶加利福尼亚大学开展的一项研究来说明，该项研究发现即使你在一心多用时的确学到了什么，也很难在之后真正运用所学的这些内容，因为你的记忆很难准确地回忆之前的学习过程。美国犹他大学的三本松（Sanbonmatsu）、斯特雷耶（Strayer）、梅代罗斯 - 沃德（Medeiros-Ward）和沃森（Watson）通过实验更加证实了这一结论。三本松与其同事研究了人们自我报告的多任务处理情况与他们实际的多任务处理能力之间的区别。研究结果很有趣：自我报告的多任务处理行为与实际的处理能力呈现负相关。越是认为自己具备“一心多用”能力的人，就越是会尝试同时进行多任务处理，然而这些人的实际表现却比自己期待的要差得多。

由三本松与其同事开展的这项研究强有力地说明了大多数所谓的“一心多用”并非真正达到了名副其实的水平。事实上，多任务处理意味着不同任务的持续转换。我们的大脑虽然有这个能力可以实现，但是任务之间的快速转换需要耗费大量的（精神上的）能量。最终的结果往往是你哪一边都做得不尽如人意。所谓“一心多用的神话”，如同罗森（Rosen）对其命名的那样，
98 同时能够处理多项任务会给人们带来情感上的成就与满足，因而变得深入人心。人们总会认为自己能做到的越多，就越能得到积极的感受与体验。从这个角度上来说，也许正如王（Wang）和切尔内夫（Tchernev）所说的，一心多用是一种用于自我强化的武器。在这样的思维下，多任务处理时所得到的快感掩盖了消极的认知影响。

有人认为新媒体的出现能够教会孩子如何更好地进行多任务处理。上文提到的这些可能也只是过去的一个问题，对吗？可是，这一问题的答案是否定的。让我们借助杜克大学视觉认知实验室团队所进行的研究来具体说明。多诺霍（Donohue）的团队研究了这样一个问题：一个经常玩电脑游戏的人是否比常人更擅长在同一时间关注不同的任务。结果表明，实验中的游戏组并没有比非游戏对照组在同时操作游戏与回答问题上表现得更出色。研究者要求 60 名学生在玩竞速类游戏的同时回答问题（模拟打电话交流的过程）。正如你所想的，游戏组学生的确都非常擅长打游戏，但一旦要求他们边玩游戏边回答问题，他们的得分就迅速下降。这一实验结果与魏萨利逊（Wasylyshyn）和维尔伊根（Verhaeghen）就年龄与在不同任务之间进行任务转换的能力之间的关系所做的一项大数据调研的结论基本相似。若将认知能力衰退这一点考虑进去，当要求被试者在两项不同的任务之间进行转移切换时，年长者并没有比年轻人表现得更糟。

所以，真没有人能够做到一心多用吗?

事实上，似乎没有证据表明存在能够有效进行多任务处理的人。但贾森·沃森（Jason Watson）和戴维·斯特雷耶（David Strayer）在2010年做的一项研究似乎打破了这一僵局。他们在一项包含200名被试者的研究中发现了5名“一心多用者”，这些人能够在不影响完成效率的情况下在同一时间处理不同的任务。然而，也有人提出了质疑——正如上文所阐述的那样——这些人也许是能够在短时间内非常快速地完成任务转换而非在同一时间内真正地完成两项不同任务。所以，如果你能够同时进行编写邮件与接听电话，那么恭喜你，你是2.5%之中的一分子！你现在应该了解到你属于一个小范围但却享有“特权”的群体。

资料来源：

Watson, J. M., & Strayer, D. L. (2010). Supertaskers: Profiles in extraordinary multitasking ability. *Psychonomic Bulletin & Review*, *17*, 479–485.

神话 :-\

我们经常同时做很多不同的事情，但这真的有意义吗？多项任务的同时处理必然会导致注意力的分散与流失，由此就需要花更多的时间去学习，且往往会带来更糟的学习效果。只有少之又少的人能够真正有效地做到“一心多用”。

参考资料：

[1] Donohue, B. J., Eslick, A. N., & Mitroff, S. R. (2012). Cognitive pitfall! Video game players are not immune from dual-task costs. *Attention, Perception & Psychophysics*, *74* (5), 1161–1167.

[2] Kirschner, P. A., & van Merriënboer, J. J. G. (2013). Do learners really know

best? Urban legends in education. *Educational Psychologist*, *48*(3), 169–183.

[3] Rosen, C. (2008). The myth of multitasking. *The New Atlantis*, *20* (Spring), 105–110.

[4] Sanbonmatsu, D. M., Strayer, D. L., Medeiros-Ward, N., & Watson, J. M. (2013). Who multitasks and why? Multitasking ability, perceived multitasking ability,impulsivity, and sensation seeking. *PloS ONE*, *8*(1), 1–8.

[5] Tombu, M. N., Asplund, C. L., Dux, P. E., Godwin, D., Martin, J. W., & Marois, R. (2011). A unified attentional bottleneck in the human brain. *Proceedings of the National Academy of Sciences of the United States of America*, *108*(33), 13426–13431.

[6] Wang, Z., & Tchernev, J. M. (2012). The "myth" of media multitasking: Reciprocal dynamic of multimedia multitasking, personal needs, and gratifications. *Journal of Communication*, *62*, 493–513.

[7] Wasylyshyn, C., Verhaeghen, P., & Sliwinski, M. J. (2011). Aging and task switching: A meta-analysis. *Psychology and Aging*, *26*(1), 15–20.

100

神话 2　我们只利用了大脑能力的 10%

当教师看着自己班级学生的期末成绩，他们可能会认为学生只利用了大脑能力的 10% 就能得到这一结果并对此感到欣慰。如果真是这样，那才是绝了！从这个角度来看，我们似乎可以参与更多具有危险性的活动，因为能够破坏到大脑的概率是很小的；但另一方面，如果脑损伤恰巧发生在这"10% 的关键区域"，那真是致命的灾难。不过这些想法都是荒唐的，接下来我们就会给出说明。

在《科学美国人》（*Scientific American*）杂志上，罗斌纳·博伊德（Robynne Boyd）指出这一神话的出处最早可追溯至美国心理学家与哲学家威廉·詹姆斯（William James）在《人的能量》一书中所描述的一段内容，他认为人类仅能利用生理与心理潜能中极其有限的一部分。而“未开发的潜能”这一概念随后也逐渐发展成 10% 的神话。还有人甚至将这一主张与爱因斯坦相挂钩，他们认为爱因斯坦正是用这一观念来衡量自己的智力水平。然而，这一说法是错误的，并没有可靠的证据能够支持这一表述的成立 [然而，神经学家约翰·吉克（John Geake）辩解说爱因斯坦在 19 世纪 20 年代的一次广播节目中的确提到了 10% 的概念]。从某种角度来说，这一神话似乎成了西方文化的一部分。好莱坞就特别喜欢在电影情节构思中加入这一概念，例如在电影《永无止境》中，若服用“智慧药丸”就能使人发挥 100% 的大脑能力。2014 年的电影《超体》中也加入了类似的桥段。

为什么我们要把关于 10% 的这一论述称为一个“神话”呢？神经学家巴里·贝尔斯达（Barry Beyerstein）基于脑损伤、生物进化、脑部成像、脑功能区域及脑退化的概念提出了 5 条论述来尝试驳斥这一神话。

◇脑损伤。诚如上述，如果我们仅仅利用的是 10% 的大脑能力，那脑损伤所带来的影响也就没那么惊心动魄了。然而，遗憾的是，事实正好相反：大脑的任何一个地方都经不起损伤，任何一点点的伤害都有可能引起大脑某种功能的缺失。事实上，落在大脑上小范围区域内的一点点损伤就会带来致命的结果。若能配合正确的治疗，大脑受损伤而失去的功能有时候能借助大脑的可塑性得到补偿，但这都是极端的例子而不是一般现象。另外，认为大脑的一些组成部分没有其特定服务功能的想法往往会带来危险的结果，众所周知，额叶切除手术是将患者的前额叶进行移除的一类外科手术，这一操作尽管能成功地减少患者的病理行为，但却有着巨大的行为副作用。安东尼奥·埃加斯·莫尼斯（António Egas Moniz）则在 1949 年因开创了这一手术而获得诺贝尔医学奖。

◇生物进化。大脑需要耗费大量营养与氧气为其提供能量。尽管大脑只占据我们身体重量的2%，但它却需要消耗血液中20%左右的氧气。想象一下，如果“我们只利用了大脑的10%”这一论述是正确的，那大脑越小的生物就越占据进化的优势。在这种条件下，我们不禁要质问，有着这么大脑袋的我们是怎么活到现在的？事实上，生物进化的历程已经确保了我们的大脑体积并不会变得比现在更大。正如贝尔斯达所述：“人们对大脑做了成千上万的研究，至今还没有人发现大脑中仍存在一块从来没有被使用过的区域。”

◇脑部成像。医学领域内使用的新技术如正电子放射断层扫描（PET）与功能性磁共振成像（fMRI）使得我们能够观察到大脑活动的细节。这些扫描成像清楚地证明了整个大脑都有神经活动，即使人是在睡眠中也不例外。相反，若大脑受到了严重的损伤，那么就有一大片区域无法被观测到其活动迹象。这也就是为什么我们会使用“脑死亡”这一术语来与“植物人”状态作区别。脑死亡指的是大脑遭到了功能性致命损伤，在深度昏迷的情况下对任何身体刺激都无反应的状态。

◇脑功能区域。人类的身体有不少“进化遗留物”，就是那些在过去进化所必要的、在现在的生活中却不再需要的身体部件，如智齿。我们的身体中甚至还有尾巴的遗迹——尾椎骨。那大脑是否也包含了某些因进化而被淘汰的“过时”部分呢？然而，多年的研究告诉我们这一答案是否定的。大脑由不同功能的不同区域构成，这些区域相互合作发挥彼此的作用，因此并不存在没有特定功能的区域。

◇脑退化。想象一下，我们的大脑里有很多我们从不使用的脑细胞，这些细胞会逐渐死去。这是会自然发生的事情，这些细胞没有有用的功能可以发挥，因此就会退化并死亡。从这个角度来说，在我们死前就会有大量的脑细胞消亡。但我们知道这种现象并不会在正常情况下发生。

事实上，大脑决定让细胞死亡的方式要比我们想象的更加复杂。大脑中有一功能被称为“突触修剪”，它是大脑成长的基础。如果没有突触的自我修剪，我们的大脑就无法实现发展。经年累月的研究表明大脑总是在发展的，并且其功能也会逐渐变得更加“可塑”。举个例子，肖尔茨（Scholz）、克莱因（Klein）、贝伦斯（Behrens）和约翰森－伯格（Johansen-Berg）进行的一项研究指出：杂技会以不同的方式改变大脑。在杂技训练的影响下大脑里的灰质与白质会成长和收缩。另一项由马圭尔（Maguire）与他的同事所进行的研究也说明了这一效应，他们研究了伦敦出租车司机的大脑，结果发现阅历丰富的司机的大脑中某一部分发育得特别明显，即负责准确呈现伦敦复杂的街道布局的大脑区域。大脑的突触修剪功能与其本身的可塑性都有效地说明“我们只利用了10%的大脑”这类论述是不现实的。

尽管如此，为何10%的这一神话还是为大多数人所相信呢？有一些理由已经在上文阐述过了，除了这些解释，还有可能是因为在最近的媒体中经常出现脑部扫描的成像图。这些图总是用明亮的颜色来显示大脑某一区域活动（实际上是血液流动）的峰值——但这并不意味着大脑的其他区域就没有在工作！大脑的成像被人为地进行加工，并且一些人断章取义式地挑选那些在任何时间段内活动都比较频繁的区域成像用于不同目的的数据分析。这些都是对大脑的歪曲描述。简而言之，这都是影响恶劣的谎言和不负责任的统计分析所造成的。

在本小节中，我们先论述了神话的起源，即威廉·詹姆斯认为人类并没有充分发挥大脑潜能，因而大脑中存在巨大的区域尚未得到有效的开发。当然，这并不是一个无聊的观点。它至少指明了我们的大脑是存在成长空间的。要实现这种成长的其中一种方法就是更好地去使用我们的大脑。这一观点在教育学领域似乎会比较受欢迎，因为对教育学而言关键的是不仅要关注发展的局限性，更要重视发展的可能性。大脑的可塑性在这种方式下也能得到很好的培养。因此，即使我们利用了超过10%以上的大脑，大脑的成长与发育依旧是可能的。我们使用得越多，大脑能力就越强，甚至可以超过90%哦！

103 神话 :-\

有的人看起来似乎只利用了大脑的 10%，但这并不是事实。我们无时无刻地不在使用全部的大脑。

参考资料：

[1] Beyerstein, B. L. (1999). Whence cometh the myth that we only use ten percent of our brains? In S. Della Sala (Ed.), *Mind myths: Exploring everyday mysteries of the mind and brain* (pp. 1−24). Chichester, UK: John Wiley and Sons.

[2] Boyd, R. (2008). Do people only use 10 percent of their brains? *Scientific American,* Retrieved June 13, 2014, from<http://www.scientificamerican.com/article/do-people-only-use-10-percent-of-their-brains/>.

[3] Geake, J. (2008). Neuromythologies in education. *Educational Research*, *50*(2), 123−133.

[4] Maguire, E. A., Gadian, D. G., Johnsrude, I. S., Good, C. D., Ashburner, J., Frackowiak, R. S., et al. (2000). Navigation-related structural changes in the hippocampi of taxi drivers. *Proceedings of the National Academy of Sciences of the United States of America*, *97*(8), 4398−4403.

[5] Radford, B. (1999). The ten-percent myth. *The Skeptical Inquirer*, *23*(2) Retrieved May 15, 2014, from<http://www.csicop.org/si/show/the_ten-percent_myth/>.

[6] Scholz, J., Klein, M. C., Behrens, T. E. J., & Johansen-Berg H. (2009). Training induces changes in white-matter architecture. *Nature Neuroscience*, *12*: 1370−1371.

神话 3　左脑管分析，右脑拼创造

要想成为人生赢家，创造性是不可或缺的。创造性并不是指某类特殊的能力，而是指能够解决各类问题的通用智能及能够以新颖的角度来解读问题的技巧。当然，大脑与创造性发挥密不可分，并且可以说创造性的重要内涵之一正是左脑和右脑之间的交互作用。左脑和右脑通过胼胝体相连接，胼胝体实际上是一束庞大的神经纤维，负责协调左右半脑的工作。实际上，左右脑是紧密联系的，并且总是处于即时的信息交流中。左右脑的协调活动始终在鼓励我们更多地使用大脑的右半球，也就是大脑中富有创新性、创造力、全局观、柔性、东方化、被称为“阳”的一面，相似的，这一活动也告诉我们西方化、“阴”的一面的重要性，即我们居住的世界是理性的、系统的、刚性的，因而也要积极地使用掌握这些特性的左脑。正如迈克尔·科尔巴利斯（Michael Corballis）所言，左右脑的不对称性使得人类成了独一无二的物种，尽管这一说法并不正确。也许你曾在网上见过一个女舞者正在旋转的动画。你眼中所看到的舞者的旋转方向反映了左右半脑的功能优势程度。不过，实际上，对任何一种方向的解释，无论是顺时针还是逆时针（以及你盯着图片一段时间后，看到舞者改变旋转方向），与左右脑及单侧的功能优势并没有什么绝对的关系。“旋转的女舞者”这一动画其实就是所谓的“双稳态光学错觉”或“两可图像”的具体运用：它能够通过背景或图形的即时转换以两种不同的方式被人所感知，因而并不能说哪一种方式占据绝对的感知优势。帕克（Parker）和克鲁格（Krug）曾对这一效应做出解释，即大脑总是先简单地选择其中一种感知，过一段时间之后又会切换为另一种感知。

莉萨·科利尔·库尔（Lisa Collier Cool）曾介绍过这样一段历史，即关于不同功能且独立的大脑两半球的概念在 19 世纪是如何形成的。医生发现如果大脑的某一半脑遭受了损伤，特定的一些功能就会消失。现代的脑成像技术则显示了大脑两半脑之间的联系远比人们之前所想的更为紧密，不过在19世纪提出的一种基本观念——左脑控制身体的右侧，右脑掌控身体的左侧，在大体上还是正确的。

105 左脑管“分析”，右脑拼“创造”，则是最近比较流行的观点。这种说法第一次出现于20世纪下半叶，当时有不少畅销书提及了这一观点。于是，这一观点就逐渐在教育学领域站稳了脚跟。然而，乌莎·戈斯瓦米（Usha Goswami）教授却认为这一观点是最让人苦恼不已的一种关于大脑神经活动的神话，因为它成功地让人们对神经科学与教育学之间的联系产生了彻底的误解。

那关于这一神话，现在又有什么新的说法吗？正如我们之前所说的，如果某人想要创造性地解决一个问题，那就需要使用整个大脑的力量。大脑的两半球的确是不同的，当问题解决涉及语言时，绝大多数人都会使用左脑，而当问题涉及专门的空间技能时，则往往会使用右脑。不过，即使左脑有语言这种专门的功能，在它正确发挥这一功能时右脑仍起到了重要的作用。可见，研究大脑两半球之间的连通性要比讨论各自专门的功能区域更有意义，这似乎也是在目前的神经科学界里能够达成一致意见的观点。由此，这一研究方向仍需要更多实质性进展。史蒂文·布雷斯勒（Steven Bressler）和维诺德·梅农（Vinod Menon）曾向众人成功地展示了如何大范围地描述大脑的功能，其关键就在于大脑不同区域之间存在的动态交互联系。贾里德·尼耳森（Jared Nielsen）率领其研究团队通过大量研究也得出了类似的结论，即尽管大脑中存在特定的功能分区，但是在研究大脑整体功能时，单独讨论“左脑”或是“右脑”的区域联系都是没有意义的。更加有趣的是，尼耳森与他的同事们还发现男性与女性在大脑偏侧性上并没有区别。乍一看，我们在这里进行的种种分析似乎都朝向神经科学中一个新的未知领域，不过在未来这一研究方向具有良好的发展前景。最后，关于大脑功能整合性的新发现可能会让我们重新思考在大脑中进行的认知加工方式。

其实，已有不少实证研究说明了大脑的两半球是如何参与发挥人的创造力的。在 2004 年，辛格（Singh）和奥博伊尔（O' Boyle）试图证明这样一个假设：那些富有创造力的人对左右脑的使用与常人不同。在实验中，他们让一组年轻人观察屏幕中快速掠过的各个字母。如果他们看到同一字母出现了两次，就立刻摁下按钮。我们已经知道，由于大脑的偏侧性，在左眼中映射出的字母会在右脑中形成图像，反之亦然。这就是使得这个实验对被试者来说变得困难的一个重要原因，因为它需要协同使用左右脑。这说明了什么？事实上，在实验中那些最快摁下按钮的年轻人往往也是最富有创造力的人，由此就说明了左右脑的合作的确与人的创造力有关。

那么，这一神话所带来的最大的危险是什么？有的人用这一观点来隐喻我们的世界已经变成由理性主导且仅由理性独裁的可怕世界。不过这种想法与对人进行分类的想法是一致的，即认为人总是跳不出两个圈子：要么理性，要么感性。我们在本书的前几章中就讨论过，这种非此即彼的限制性想法是很糟糕的。另外，对左右脑进行区别又与“神经营销”有关，所谓神经营销指的是制造商在吹捧自家产品、追求高额销售时总喜欢利用“大脑开发”或是“大脑的创造性”等噱头。艾纳克·林德尔（Annukka Lindell）和埃文·基德（Evan Kidd）曾进行过一项实验来验证神经营销的有效性：相比于那些简单地命名为“新的开始”一类的训练项目，消费者更加青睐于“右脑革命”这类名字的项目。没错，“大脑”一词的使用立马让人觉得这背后肯定有强有力的科学依据作支撑。只要是与大脑有关的，那一定都是科学的，是对的！

基于这类理由及以上所阐述的种种，我们不会推荐你去参加什么专门开发右脑的培训项目。

神话 :-\

尽管思维与创造需要左右脑的良好联系，但这并不意味着存在“左脑型”或“右脑型”的单独的思维方式。

参考资料：

[1] Bressler, S. L., & Menon, V. (2010). Large-scale brain networks in cognition: Emerging methods and principles. *Trends in Cognitive Sciences*, *14*, 277−290.

[2] Cool, L. C. (2011). 5 Brain myths, busted. Retrieved June 18, 2014, from<http://www.q8medix.com/news-2822/5-Brain-MythsBusted>.

[3] Corballis, M. (2014). Left brain, right brain: Facts and fantasies. *PloS Biology*, *12*(1), e1001767.

[4] Geake, J. (2008). Neuromythologies in education. *Educational Research*, *50*(2), 123−133.

[5] Goswami, U. (2004). Neuroscience and education. *British Journal of Educational Psychology*, *74*, 1−14.

[6] Lindell, A. K., & Kidd, E. (2013). Consumers favor "right brain" training: The dangerous lure of neuromarketing. *Mind, Brain, and Education*, *7*(1), 35−49.

[7] Nielsen, J. A., Zielinski, B. A., Ferguson, M. A., Lainhart, J. E., & Anderson, J. S. (2013). An evaluation of the left-brain vs. right-brain hypothesis with resting state functional connectivity magnetic resonance imaging. *PloS ONE*, *8*(8), 1−11.

[8] Parker, A. J., & Krug, K. (2003). Neuronal mechanisms for the perception of ambiguous stimuli. *Current Opinion in Neurobiology*, *13*, 433−439.

[9] Parker-Pope, T. (2008). The truth about the spinning dancer. *New York Times*, Retrieved June 18, 2014, from<http://well.blogs.nytimes.com/2008/04/28/the-truth-about-the-spinning-dancer/index.html>.

[10] Singh, H., & O'Boyle, M. W. (2004). Differences in interhemispheric interaction during global/local processing in mathematically gifted adolescents, average ability youth and college students. *Neuropsychology*, *18*, 371−377.

神话 4　健脑操和益智游戏好处多多

大脑训练是一个热门的概念。训练大脑，就意味着锻炼你的问题解决能力、手眼协调能力、记忆力或其他任何认知技能的复合使用能力，这一概念似乎已经取代了减肥成为当下“必做”的新时尚。于是，各种以大脑训练为卖点的有趣的器具在近年快速发展起来，如“健脑操”或“益智游戏”。《大脑时代》就是任天堂公司开发的最有名的一款益智游戏项目。这其中的理由很简单：大脑训练已经逐渐发展为任天堂的一项主营业务。2012 年，任天堂的全球收入已经超过 10 亿美元，到 2020 年可能会超过 60 亿美元。不过，大脑训练项目的超人气也使得人们开始质疑这些项目的有效性。益智游戏这种常规的训练真的能够改善大脑的认知功能吗？这种改变会有持久的效果吗？大量的科学研究试图回答这些问题，然而研究的结果却让人失望透顶。

举个例子，2010 年，英国有一个电视节目专门验证了这类声称能够提升个体记忆力及推理能力的益智游戏。在当时，有 11430 人参与了这个实验，研究者要求其中 8692 名 18 ~ 60 岁的被试者在接下来的六个星期中每个星期都要玩 3 次游戏，一次玩 10 分钟。另外，还有 2738 名被试者作为对照组，他们不用玩游戏但需要花费与实验组相同的时间上网，去回答常见问题。在实验的最后阶段，再让所有被试者完成同一份 IQ 测试。如你所料，这一测试的结果很明确：游戏组与网络组在 IQ 测试的成绩上并没有什么区别。事实上，在 IQ 测试中的某些问题上，网络组的得分甚至比游戏组的得分要高。尽管这一实验是由一个电视节目进行的（也因此受到了谴责），但它的确有着良好的科学基础。剑桥大学认知与脑科学中心的阿德里安·欧文（Adrian Owen）与其同事在权威期刊《自然》上发表了这一实验的结论。他们的报告最后是这样说的：“我们相信这一实验有力地证实了六个星期的常规脑训练并不会比上网回答常识类问题对大脑更有益。”

109 到目前为止很遗憾，大脑训练的神话遭到了各种无情的打击。那么，那款有名的任天堂游戏又如何呢？爱丁堡大学的斯图尔特·里奇（Stuart Ritchie）与他的同事们对健脑操做了研究，并且系统地梳理了有关游戏机里大脑训练的各项研究及成果。最终，他们得出的结论是这种训练对益智并没有什么效果。同样，宣称能够通过一系列身体动作来提升大脑机能的健脑操，也没有什么特别的作用。此外，里奇发现其他一些传统的益智传言，如大量喝水（防止脑脱水）或食用鱼肝油（富含欧米伽 -3 脂肪酸）等也都是无稽之谈。很显然，想以简单的方法提升大脑的机能并没有这么容易。

由英国政府授权、教育捐助基金会发表的一项研究报告对神经科学的教育干预作用做出了评论（Howard-Jones, 2014）。这份报告指出，的确有一些证据表明神经科学在教育干预作用方面的有效性，不过一旦采用严格的或专门的分析方法对数据进一步剖析，干预作用的效果量往往就变得不再显著。情况就是这样，我们以 Cogmed 公司出品的“工作记忆训练”（© CWMT；www.cogmed.com) 为例。Cogmed 公司的目标是开发能够改善那些有注意力缺陷多动症（ADHD）孩子的工作记忆的游戏。工作记忆缺陷就是 ADHD 的主要症状之一。在一项深入研究中，纽约城市大学的阿尼尔·查科（Anil Chacko）与他的同事们对 85 名患有 ADHD 的儿童进行了一项实验。他们将这些儿童分成两组，让其中的一组参与 CWMT 的积极治疗，另一组则采取 CWMT 的消极疗法（对照组）。不过，他们仅得到了有限的结论：相比于接受消极治疗的儿童，参与 CWMT 积极治疗的儿童在工作记忆上的确有所改善，不过这一小小的改善作用仅仅在孩子接受特殊的记忆测试时才有所体现。除此以外，大脑其他正常的功能并没有显著的提升。查科由此指出 Cogmed 公司开发的这一套训练对患有 ADHD 的孩子们的治疗并没有什么实质性作用。

Cogmed 公司的这个例子告诉了我们，虽然的确存在能够改善工作记忆的方法，不过这些方法往往都是为了学习那些非常特殊的内容而设计的。举个例子，你可以尝试利用助记符、进行序列编码或创建思维地图来记忆那些自己想要记住的内容，因为这些方法能够通过赋予内容以特殊的意义来协助记忆。思维地图，顾名思义，需要你在心中绘制清晰而又精确的概念地图，不过你不需要对地图规划的具体形式太过在意。在创建地图时，使用简单的图形和连线足矣（最广泛使用的就是“信息树”），从一个核心主题出发去和相关的概念及其附属的子概念相联系。

诚如上述，我们再次强调那些声称益智的训练项目效果是有限的。在 110
2013 年，泰勒·哈里森（Tyler Harrison）和同事曾做过一项研究，他们让被试者遵照一种特殊的训练办法提升工作记忆的能力。研究结果显示，人的工作记忆能力经过这种特殊的训练有所提升：当被试者面临的新任务与实验中训练的任务较为相似时，被试者的确能够更加有效地使用自己的记忆。然而，这种只在特殊任务上发挥作用的能力并不能用来提升更为一般的通用认知能力。除此以外，他们还关注训练对人的流体智力所产生的影响，这一智力涉及问题解决能力与逻辑思考能力，不过结果发现提升工作记忆能力的这项训练并不会对流体智力的提高产生什么作用。

所有的研究似乎都指向这一个结论：训练项目可以帮助人学习运用那些能够改善工作记忆能力的策略。然而也正是因为把任何一项训练都与大脑能力的提升挂钩，“大脑”一词才会变成一个引人上当的噱头。事实上，迄今为止并没有实证能够说明所有那些宣称能够提升通用认知能力（如流体智力）的大脑训练真的会产生什么效果。也就是说，你不用指望玩玩电子游戏就能变得更聪明。

在 2014 年 10 月，73 名从全球会集而来的心理学家、认知学家及神经科学家联名签署了一份公开信，表明那些以“益智游戏”为卖点、宣称这些游戏能够减缓或阻止与年龄相关的记忆衰退，以及强化大脑其他认知功能的公司都是通过“夸张及误导性言论”来忽悠消费者的，其产品的开发并没有坚实的科学依据。

在这一节的最后，我们来讲讲真正的大脑养生之道。其实这很简单：经常使用大脑，积极锻炼身体，保持饮食均衡。除此之外，夫复何求呢？

或者你可以开始咀嚼……

说来也奇怪，嚼口香糖似乎在短时间（非常短）内对大脑有着积极作用。贝勒医学院的克雷格·约翰斯顿（Craig Johnston）发现，嚼口香糖可以减缓压力并提升注意力，从而有助于学业成绩的提升。不过学者们对这一观点仍存在一些争议，很重要的原因是约翰斯顿的这项研究是由口香糖公司的老板威廉·里格利（William Wrigley Jr.）赞助的。撇开这一点，假设这一结论是正确的，我们还是不能判断这一积极作用究竟是咀嚼动作带来的还是身体吸收了糖分所引起的。

所以，我们可不会推荐你去告诉你的学生在考试中嚼口香糖！

111 资料来源：

Johnston, C. A., Tyler, C., Stansberry, S. A., Moreno, J. P., & Foreyt, J. P. (2012). Brief report: Gum chewing affects standardized math scoring in adolescents. *Journal of Adolescence*, *35*, 455–459.

训练你的工作记忆来对抗抑郁症

尽管目前并没有任何实证能够支持那些经过商业包装的、由计算机辅助的大脑训练项目是否真的有效，但瑞典的研究者正在尝试开发一个能够帮助那些患 ADHD 的孩子改善与优化工作记忆的项目。同样，荷兰鹿特丹大学的埃尔克·格拉尔茨（Elke Geraerts）与其同事一直在尝试开发一组计算机辅助项目来帮助提升工作记忆，并将其作为对抗抑郁症的一种治疗方法。

资料来源：

[1] Geraerts, E., Hauer, B. J. A., & Wessel, I. (2010). Effects of suppressing negative memories on intrusions and autobiographical memory specificity. *Applied Cognitive Psychology*, *24*(3), 387–398.

[2] Klingberg, T., Fernell, E., Olesen, P. J., Johnson, M., Gustafsson, P., Dahlström, K., et al. (2005). Computerized training of working memory in children with ADHD—a randomized, controlled trial. *Journal of the American Academy of Child & Adolescent Psychiatry*, *44*(2), 177–186.

神话 :-\

买游戏机是为了娱乐——这也是游戏机存在的唯一意义。截至目前，我们并没有任何证据能够证明健脑操或益智游戏真的有助于提升大脑能力。

参考资料：

[1] A Consensus on the Brain Training Industry from the Scientific Community (2015). Retrieved from<http://longevity3.stanford.edu/blog/2014/10/15/the-consensus-on-the-brain-training-industry-from-the-scientific-community>.

[2] Berkman, E. T., Kahn, L. E., & Merchant, J. S. (2014). Training-induced changes in inhibitory control network activity. *Journal of Neuroscience*, *34*(1), 149–157.

[3] Buch, P. (2014). Neuromyths and why they persist in the classroom. Retrieved May 15, 2014, from<http://www.senseaboutscience.org/blog.php/77/neuromyths-and-why-they-persist-in-the-classroom>.

[4] Chacko, A., Bedard, A. C., Marks, D. J., Feirsen, N., Uderman, J. Z., Chimiklis, A., et al. (2014). A randomized clinical trial of Cogmed Working Memory

Training in school age children with ADHD: A replication in a diverse sample using a control condition. *Journal of Child Psychology and Psychiatry*, *55*, 247−255.

112 [5] Harrison, T. L., Shipstead, Z., Hicks, K. L., Hambrick, D. Z., Redick, T. S., & Engle, R. W. (2013). Working memory training may increase working memory capacity but not fluid intelligence. *Psychological Science*, *24*, 2409−2419.

[6] Howard-Jones, P. (2014). *Neuroscience and education: A review of educational interventions and approaches informed by neuroscience*. Education Endowment Foundation. Retrieved May 15, 2014, from<http://educationendowmentfoundation.org.uk/uploads/pdf/NSED_LitReview_Final.pdf>.

[7] Owen, A. M., Hampshire, A., Grahn, J. A., Stenton, R., Dajani, S., Burns, A. S., et al. (2010). Putting brain training to the test. *Nature*, *465*(7299), 775−778.

[8] Ritchie, S. J., Chudler, E. H., & Della Sala, S. (2012). Don't try this at school: The attraction of "alternative" educational techniques. In S. Della Sala & M. Anderson (Eds.), *Neuroscience in education* (pp. 222−229). Oxford: Oxford University Press.

[9] Smith, B. (2014). Do brain training programs really make you smarter? Retrieved May 15, 2014, from<http://www.redorbit.com/news/science/1113038003/do-brain-training-programs-work -010214/>.

113

神话 5　男女大脑类型有差异

毋庸置疑，男人与女人不同；至少，身体上的差异是显而易见的。因此，人们对男女在思维上的差异也抱有各种观点，有的观点纯粹表现出对女性的刻板印象，另一些则没有包含这么明显的偏见。不过，这一问题归结起来就是一句话：是否存在某一种物质使得男性与女性的大脑不同？如果这种物质真的存在，那我们在教学中是不是就要考虑男女大脑的差异对教学带来的影响？

我们都知道男性与女性的大脑在形式与功能上的确有所区别。一般来说，男性的大脑在体积上会大于女性的大脑。这一事实让著名的神经科学家皮埃尔－保罗·布罗卡（Pierre-Paul Broca）提出了这样的假设，即男性一定比女性更加聪明（这是一种在19世纪“布罗卡语言区”被发现后为社会普遍接受的观点）。另外，通常认为，女性大脑中的语言区要比男性大脑中的语言区更加活跃。不过，这种可观的差异到底有什么实际意义还不得而知。若放眼于学校，我们会看到男生与女生在不同学科上会有不同的表现（然而，在过去的一百年中，有一项关注学生学习成绩的元分析表明女生在各门学科上的表现都比男生优秀），比如数学。不过我们认为这种学习差异更多是由一些文化因素而不是生理上的区别所导致的。换句话说，男生与女生在不同学科上有不同的学业成绩与两者在大脑上的差异并没有什么关系。

时至今日，并没有明确的证据表明男生与女生在学习方式上存在着明显的差异。同样，也没有确凿的证据可以说明女性更擅长于一心多用或者女性的大脑结构使得她们更擅长于移情思考。不过，在一些共情测试中，女性的得分的确要比男性高……当然，除了一些男性会被事先告知他们通常会比女性做得更好的测试。剑桥大学的研究者为了能够更精确地诊断神经精神疾病并为病人制定更具有针对性的治疗方案，研究了男性与女性大脑的各种功能区，然后将元分析结果与167篇文献（从5600篇相关的文献中挑选而出）中的数据进行对比。除了一些可观的差异如大脑尺寸，研究者发现了男性与女性大脑中杏仁核与海马体（杏仁核是大脑中专管记忆与情感的区域，海马体则涉及记忆的加工）的差异。不过，研究者也表示他们无法预测男性与女性在大脑结构上的差异会如何影响外在行为。尽管两性在大脑生理结构上的差异的确可以为两性在行为上的差异提供良好的理论前提，但并没有任何事实证据能够支撑这一观点。

现在再让我们回过头去看看这一思维神话的危险性。英国心理学家科迪莉亚·法恩（Cordelia Fine）支持“女性神经歧视”这一说法。换句话说，如果我们过多关注那些有关两性大脑的差异却得不到实证的假说，那很有可能会创造新的“性别刻板印象”。尽管一些神经科学家曾严厉批判了“女性神经歧视”的观点及法恩所著的宣扬这一主义的书籍，但过分强调以性别为基础的两性差异的趋势仍在明显增长。我们总是会去寻找两个群体的各种差异，即使这些差异很小，然而，我们却会低估甚至忽视群体中存在的更大差异。如果我们注意到了我们的大脑最活跃参与的各种时刻，就不难发现，其实男性与女性在观察世界的方式、学习新事物的方式、存贮记忆的方式或与他人沟通的方式上并没有什么实质性的区别。

珍妮特·海德（Janet Hyde）进行的一项研究开启了人们对两性大脑的新认识，尽管她的结论在某种程度上是她的理论润色后的结果。这其实反映了性别差异研究中普遍存在的一个问题，那就是很难去区别观点与事实。在海德的研究中，她并没有去调查性别差异，而是关注男性与女性的相似性。当然，她观察到了两性很多相似的地方。因此，她通过提出以下观点打破了以往一些关于男性与女性差异的传统观点：

◇女性并不比男性善谈。

◇相比于男性，女性不太会过多展示自己的个人信息。

◇男性与女性都擅长于打断他人。不过，这是一个社会地位问题——如果女性具有领导地位，她就会更倾向于插话。

正如我们之前所说的，事实上，相比于异性，同性之间存在着更多差异。事实意味着单一性别教育会比混合型教育更有效这一论述是错误的。对男女共学或分学这一问题我们在稍后会继续讨论。

神话 :-\ 115

是的，男性与女性的大脑在某些方面是不同的，但更多的却是相似性。所以，我们没有必要特意拿这一点来说事。

参考资料：

[1] Fine, C. (2010). *Delusions of gender: How our minds, society, and neurosexism create difference*. New York: W.W. Norton.

[2] Hyde, J. S. (2005). The gender similarities hypothesis. *American Psychologist*, *60*, 581−592.

[3] Ruigrok, A. N. V., Gholamreza, S.-K., Meng-Chuan, L., Baron-Cohen, S., Lombardo, M. V., Tait, R. J., et al. (2014). A meta-analysis of sex differences in human brain structure. *Neuroscience & Biobehavioral Reviews*, *39*, 34−50.

[4] Voyer, D., & Voyer, S. D. (2014). Gender differences in scholastic achievement: A meta-analysis. *Psychological Bulletin*, *140*, 1174−1204.

神话 6　我们可以边睡边学 116

这大概是每个学生都有的梦想：一边睡觉一边学习！事实上，在睡眠中可以学习新知识的观点（也就是“睡眠教学”）并不是最近才提出的。睡眠学习不仅是众多小说的热门主题，类似的，这一概念在商业中也有所涉及：过去人们常用的盒式录音带就带有“重复”的含义，人们可以在睡眠中反复地接受磁带的“洗脑”，而当下在网络上流通的各种电子文档卖的也是这个概念。事实上，有关于睡眠学习是否可行的实验研究早在第二次世界大战的时候就进行了。当时，军方希望让自己派到特定地区的特工能够在睡眠中不断地学习外国的语言，这样在他们真正奔赴该地区时就能更加快速地适应当地的口音与文化。

俄国的研究证明了这一想法是有意义的，但是他们在研究过程中所使用的各种“科学方法”并非全都可靠。特别是，研究者无法搞清楚为什么某一方法的使用对这个人是有效的，但对另一个人没有效果。另外，他们也没办法探明被试者在夜晚的睡眠中究竟学了还是没学，如果学的话，又达到了什么程度等问题。这也许可以解释为什么西方科学家对此问题从来没有提出过具有参考价值的结论。

然而，这一问题的研究并没有结束。有人发现，病人在手术后仍能记得医生在手术时对其所说的话，虽然当时他们正处于麻醉状态。不过这一现象与在睡眠中学习并不一样，因为麻醉状态与睡眠状态并没有可比性。当人处于麻醉状态时，其实并没有进入深度的睡眠，它更像是一个化学引发的可逆的昏睡状态，此时人的大脑活动程度较低。

因此，除非你一直读课文或你根本不睡觉，否则，我们并不认为在你睡觉的时候一直用手机重复播放自己录下的语音会对考试有什么帮助。

不过，睡眠学习也并非完全是痴人说梦。一项由以色列魏兹曼科学研究所主导的研究发现有一种方式可以让你在睡梦中学习。这个方法和俄国神经科学家伊万·巴甫洛夫（Ivan Pavlov）训练狗分泌唾液时所用的方法有些类似。换句话说，我们不是在讨论学习的内容，而是关注一种会引发类似经典条件
117 反射的情境。人们训练狗将铃声与接受食物联系在一起，假以时日，当它们听到铃声时就会流口水。由此看来，我们似乎可以将这一机制同样运用到人的身上，只不过不是用声音而是用气味来诱导，因为声音可能会让人从睡梦中惊醒。让我们来假设这样一个情境：被试者正处于睡眠状态，他们先隐约地听到一个声音，接着一阵气味便扑鼻而来。这里分成两种情况，第一种是一声音响伴随着令人愉悦的香气，第二种是另一声完全不同的音响伴随着令

人没那么愉悦的味道，你猜会发生什么？在第二天，被试者醒着的时候能够对这两种不同的声音产生反应，好像曾闻到过的气味出现了一样。这就意味着当人们处于睡眠状态时，大脑的确学会了将声音与气味联系在一起。

当然，这并不是真正的学习，最多只能算是与简单的操作性条件反射同等程度的低水平学习。因此，是否能将这一现象拓展为真正的学习，还需要更多的研究去探索。另外，我们想提醒你千万不要让那些烦人的录音打扰了美梦。

睡眠与学校：为什么不在 11 点上课?

牛津大学的神经科学教授拉塞尔·福斯特（Russell Foster）做的一项研究指出，相比于早上 9 点这样一个“荒唐的”时间点，学生的记忆功能在下午 2 点的测试中能发挥得更好。基于此，他认为学校应该在一个更合理的时间——中午 11 点开课。

根据福斯特的描述，支持学校晚点开课的最重要的理由是年轻人睡得太少。为什么年轻人睡得很少呢？因为他们的生活“太丰富”了（家庭作业、朋友、网络、电视、父母、聚会、运动），并且为了保持充足的精力，他们喝了太多含咖啡因的饮料。更重要的是，青少年时期满满当当的生活容易改变其睡眠节奏。这是在一所英国学校进行的正式研究，但是其研究结果只见于英国媒体，并没有在任何科学杂志上发表。

资料来源：

Rosen, D. (2009). Sleeping angels. Should high school start at 11am? *Psychology Today*, Retrieved June 14, 2014, from<http://www. psychologytoday.com/blog/sleeping-angels/200903/should-high-school-start-11-am>.

神话 :-\

人们在睡眠状态中是可以被诱导的；举个例子，人们可以学会将特定的味道与特定的声音联系在一起。不过，我们真的能够在睡眠中学习吗？做梦吧！

118 **参考资料：**

[1] Arzi, A., Shedlesky, L., Ben-Shaul, M., Oksenberg, A., Hairston, I. S., & Sobel, N. (2012). Humans can learn new information during sleep. *Nature Neuroscience*, *15*, 1460−1465.

[2] Schwartz, R. S., Brown, E. N., Lydic, R., & Schiff, N. D. (2010). General anesthesia, sleep, and coma. *New England Journal of Medicine*, *363*(27), 2638−2650.

119

神话 7　多听古典音乐宝宝更聪明

在 1993 年，一篇颇具影响力的文章发表在科学期刊《自然》上。加利福尼亚大学的研究者进行了一个实验，他们把大学学生分成两组，让实验组的学生听 10 分钟的莫扎特钢琴奏鸣曲，而让对照组的学生听普通的放松音乐，结果发现实验组在一组空间推理测试（选自标准的斯坦福－比奈智力量表）中的成绩明显比对照组的成绩要好。因而，为提升学生的空间推理能力有时候也会遇到这种说法，即听莫扎特的音乐能够暂时使你的智商提升 8～9 分！事实上，这一研究发现得到了社会的广泛关注，并且也逐渐发展为“莫扎特效应”。自然而然地，宝宝专听的莫扎特 CD 也很快上市。其实，即使到了现在，仍有很多网店在售卖那种宣称能够“刺激开发宝宝大脑”的 MP3 音乐。在 1998 年，乔治亚州的州长甚至专门从州预算里拨了 105 000 美元（每年大概要花费 100 000 美元）给出生在该州的每个宝宝提供一盒古典音乐的录音带或一盘 CD。针对这位州长的行为，美国的《纽约时报》曾给出这样一段评论：“没有人会质疑这种做法，在很小的年纪就开始听音乐甚至会影响你的空间与时间推理能力，而这些能力正是日后学习数学、工程学甚至国际象棋的基础。”

毋庸置疑，这一研究的确有着很高的可信度，因而在本书后面的参考资料中也有列举，不过（再次申明）媒体所报道的结论与研究者实际所论述的相差甚远。举个例子，听莫扎特钢琴奏鸣曲的小组虽然在推理测试上有着不错的表现，然而这种提升仅仅是在听完曲子后立刻进行测试才有效。同样的，莫扎特效应似乎也只能维持非常短的一段时期，研究者从未说过它会产生持续的效果。

莫扎特效应成为了热门的研究主题，因而有大量的研究尝试能够重复或者说是再现这种效果，不过很少（有限）能够成功。维尔色纳·伊万诺夫（Versna Ivanov）和约翰·吉克（John Geake）（注意：吉克在本书的其他章节中被描述为“流言终结者”）虽然找到了一些能够支持莫扎特效应的证据，然而若不选择莫扎特，听巴赫的音乐也会有着类似的效果。这里有一个明显的问题：是不是只有播放莫扎特的曲子才能够提升人的认知能力。也许只要选择我们个人喜欢的曲子就可以，说不定会比莫扎特的曲子更有效。从这个角度来说，古典音乐与其他类型的音乐相比并不应该有任何特殊的优势：它只是个人喜好问题。因此，伊万诺夫和吉克的研究实际上就有效地辩驳了古典音乐的神 120
话。唐纳·勒奇（Donna Lerch）和托马斯·安德森（Thomas Anderson）分析并且对比了大量莫扎特效应的研究，于是他们得出了以下的一般结论：

莫扎特的音乐无论是在生理上还是心理审美上都为一般公众所喜爱。有大量的研究指出听莫扎特的作品能够暂时地提高人的认知能力，另外一些研究则发现莫扎特效应在统计学上并不显著。然而，不幸的是，媒体与商业投机者们擅自利用这些刚起步的、尚未得到证实的研究并且还妄自发展为伪科学，正是这些行为促成了行业不健康的“全面发展”。

有一些企业已经发现了自己在这个“坑”里浪费了太多成本，并且也对当初去开发这类不明不白的产品而感到后悔不已，比如迪士尼。“宝贝爱因斯坦”的 CD 系列对迪士尼公司来说是一个利益颇丰并且获得成功的风险项目。然而在 2007 年，一项由齐默尔曼（Zimmerman）、克里斯塔基斯（Christakis）和梅尔茨科夫（Meltzoff）进行的研究却在社会上掀起一场风波，因为他们研究发现这款“宝贝爱因斯坦”系列在某些情况下会导致宝宝语言能力下降，而不是提升。这一研究结果引起了人们热烈的争辩，然而这一发现背后更多的问题仍处于迷雾之中。弗格森（Ferguson）和唐纳伦（Donnellan）对 2007 年齐默尔曼等人所做的研究数据进行了重新分析，他们认为仅从 2007 年的实验数据中是不可能得出任何强有力的推论的。但是，齐默尔曼对此予以坚决否认。于是，这一问题仍处于争论中，即便如此，在收到众多抱怨后，迪士尼公司在 2009 年还是对那些不满的父母进行了赔偿，并且公开承认他们的这款产品的确错误地标榜了“教育性”的名号。

那么，听点儿音乐是不是真的对大脑没有任何积极影响呢？事实上，只有兴趣才可能会产生某种持续的效果。然而，兴趣并不仅仅包含听音乐，练习及演奏乐器都是很好的形式。研究发现老年人会因早年接受过音乐训练而受益。即使他们很多年都没有碰过乐器，但他们对音乐信息的神经处理却始终优于那些早年并未接受过任何音乐训练的人。这些“老练”的长者们在理解演讲，甚至是在拥挤嘈杂的环境中理解对话的障碍会少些。这使得我们得出这样的一个结论：聪明的父母绝对不会强迫他们的孩子去听莫扎特的曲子，而是鼓励他们创造属于自己的音乐。

神话 :-\

古典音乐不会使你的孩子变得更加聪明。

参考资料：

[1] Dana Foundation (2009). *Neuroeducation: Learning, arts, and the brain.* New York: Dana Press.

[2] Ferguson, C. J., & Donnellan, M. B. (2014). Is the association between children' s baby video viewing and poor language development robust? A reanalysis of Zimmerman, Christakis, and Meltzoff (2007). *Developmental Psychology*, *50*(1), 129–137.

[3] Ivanov, V. K., & Geake, J. G. (2003). The Mozart effect and primary school children. *Psychology of Music*, *31*(4), 405–413.

[4] Lerch, D., & Anderson, T. (2000). The Mozart effect: A closer look. Retrieved June 14, 2014, from<http://lrs.ed.uiuc.edu/students/lerch1/edpsy/mozart_effect.html>.

[5] Lilienfeld, S. O. (2010). *50 great myths of popular psychology: Shattering widespread misconceptions about human behavior.* Chichester, UK: Wiley-Blackwell.

[6] Mehr, S. A., Schachner, A., Katz, R. C., & Spelke, E. S. (2013). Two randomized trials provide no consistent evidence for nonmusical cognitive benefits of brief preschool music enrichment. *PloS ONE*, *8*(12), e82007.

[7] Rauscher, F. H., Shaw, G. L., & Ky, K. N. (1993). Music and spatial task performance. *Nature*, *365*, 6447.

[8] Sack, K. (1998). Georgia' s governor seeks musical start for babies. Retrieved from<http://www.nytimes.com/1998/01/15/us/georgia-s-governor-seeks-musical-start-for-babies.html>.

[9] White-Schwoch, T., Woodruff Carr, K., Anderson, S., Strait, D. L., & Kraus, N. (2013). Older adults benefit from music training early in life: Biological evidence for long-term training-driven plasticity. *Journal of Neuroscience*, *33*(45), 17667−17674.

[10] Zimmerman, F. J., Christakis, D. A., & Meltzoff, A. N. (2007). Associations between media viewing and language development in children under age 2 years. *Journal of Pediatrics*, *151*(4), 364−368.

神话 8　人有压力时想问题会更靠谱

这已经成为众多受欢迎的动作电影必有的套路。在电影情节推进到三分之二左右时，电影里的英雄一定会陷入严重的困境，所有的希望似乎都消失殆尽。然而，这一压力值达到最大的时刻却也正是英雄的人生最佳转机，于是他（或她）成功逆转，反败为胜。这种观念其实也是我们文化的一部分：当我们被迫在压力下思考时，我们总是能更快地想出更好的解决方案。这种想法虽然已经是老生常谈了，但事实真是这样的吗？

乍一听，好像并没有什么不合逻辑的地方。事实上，当我们的肾上腺素开始飙升的时候，我们的确能比一般状态时做到更多的事情（你应该也有所耳闻，一位母亲为了拯救压在汽车下面的孩子，光靠自己就抬起了汽车）。没错，在压力情境下，我们的身体做出了生理上或对抗或逃跑的非自主性反应。与之相呼应的，我们的大脑因强有力的荷尔蒙激素而变得异常活跃。对抗或逃跑的反应能够帮助我们在危机情况下迅速做出回应，同样，巨大的压力会让我们提高警惕并且能够帮助我们创造新的记忆。当然，凡事都有度。

如果我们总是处于高压状态，这些压力可能会给我们的大脑带来消极的影响。一些研究者表示过高的压力会导致永久性脑损伤。举个例子，耶鲁大学医学院的研究者指出小白鼠的习得性无助就是一种典型的压力情境，长期置于这种情境，它们的海马体（也就是大脑中掌管记忆功能的区域）会受到破坏。这一类似的反应同样也会发生在人的身上。特别要指出的是，如果我们的记忆承受了过高的压力，这一功能区域可能会“崩溃”，以致在记忆或回忆事物的时候会遇到更多的障碍。麦吉尔大学的人类压力研究中心通过测量发现了压力程度与认知表现之间的关系，例如，海马体的记忆存贮情况呈现的是一个倒 U 型的曲线。也就是说，能否发挥认知表现的最佳水平取决于压力的总量，压力水平过高或过低都会降低表现水平。

其他的一些研究表明孩子对学校的恐惧心理也会对他们在学校的表现产生消极影响，并且会限制他们真实的学习能力。举个例子，大量的研究都在关注“数学焦虑”。通过分析 2003 年所进行的国际学生评估项目（PISA）的数据发现，数学成绩达到平均水平以上的国家同样也是那些数学焦虑水平最低的国家。然而这其中有一个问题：到底是谁导致了谁？是不是因为数学比较好所以焦虑水平就比较低？或者是因为焦虑水平比较低，所以数学成绩才比较好？又或者是可能存在的第三种因素影响了两者之间的关系？

穆莱纳桑（Mullainathan）和沙菲尔（Shafir）认为我们似乎都有所谓的“心智频宽”问题，它有一定的数量限制，每当我们解决一个问题，就会消耗一些“频宽”资源（比如因为贫穷或时间限制而感到恐惧或压力）。并且，这些已使用的资源随后不能再作他用。

神话 :-\

你不用期待在遇到压力的时候你会“表现超常”，就像你在害怕的时候根本学不进任何东西一样。

参考资料：

[1] Franklin Institute. (2004). The human brain-Stress. Retrieved June 18, 2014, from<http://learn.fi.edu/learn/brain/stress.html>.

[2] Hajszan, T., Dow, A., Warner-Schmidt, J. L., Szigeti-Buck, K., Sallam, N. L., Parducz, A., et al. (2009). Remodeling of hippocampal spine synapses in the rat learned helplessness model of depression. *Biological Psychiatry*, *65*(5), 392–400.

[3] Hattie, J. (2009). *Visible learning: A synthesis of over 800 meta-analyses relating to achievement.* London: Routledge.

[4] Lee, J. (2009). Universals and specifics of math self-concept, math self-efficacy, and math anxiety across 41 PISA 2003 participating countries. *Learning and Individual Differences*, *19*(3), 355–365.

[5] Lupien, S., Maheu, F., Tu, M., Fiocco, A., & Schramek, T. (2007). The effects of stress and stress hormones on human cognition: Implications for the field of brain and cognition. *Brain and Cognition*, *65*(3), 209–237.

[6] Mullainathan, S., & Shafir, E. (2013). *Scarcity*: *Why having too little means so much.* New York: Macmillan.

124

获得大脑如何运作的正确认知

好了，到现在我们究竟了解到了什么呢？我们中的大多数人都不能做到“多管齐下”，我们使用的是大脑的所有部分（包括左脑与右脑），我们更喜欢没有任何干扰的平稳睡眠，当然，宝宝也喜欢（没有莫扎特的音乐，谢谢）。另外，我们在压力情境下并不会变得像“超人”一样。然而，很多人，甚至包括很多教师，仍旧相信以上部分或全部的有关于大脑神经活动的神话，这不得不让我们担忧。正如我们之前所说的，必须要认真对待（并且通常要正当使用）有关大脑的知识，这样才可能对我们的教学实践有积极的直接作用。所以如果这些知识本身就是错误的，那对教学实践的影响又岂能只用一个“糟”字来形容。因此，我们必须确保在教学中使用正确的知识，这样才能真正地对我们的教育带来积极（而不是消极）的影响。

就目前而言，似乎还没有办法完全激发班里每位同学的所有潜能。这是一个值得重视的问题，既然我们已经明白了这与学生的大脑没有关系，那我们就应该想想办法采取一些可能的措施。

多年以来，教育心理学领域的大量研究都表明学习需要学习者自身的主动努力才能真正地提高效率。因此，作为教师，你最好真诚面对你的学生及学生家长，不要带给他们虚假的希望，使他们觉得学习会自动发生，就像魔术一样神奇。学习是艰难的，并且对学习而言，正因为艰难才会更有效果。正如维果斯基在 20 世纪之初所言，真正的学习发生在学习者的最近发展区：在这块狭小的区域中，学习虽颇有挑战性但还不会太难。然而，强制把学生置于压力情境下（有时候就类似速度测试那种）会对学生，尤其是对压力很敏感的学生带来消极的影响。

而那些区别对待男生与女生的教师则会陷入“创建自我实现预言”的危险之中：教师会按照自己对学生预先设定的刻板印象来鼓励学生做出表现，这种现象有时候也被称为“刻板印象威胁”。研究表明这种效应有时候会带来积极影响，有时候又会产生消极结果。

就现在而言，还认为总有一种通用的训练方法能够提升我们的大脑机能及我们的思维方式已经成为一种过时的滥调。我们已经明确地表明这些所谓的通用法其实大多数都是没有效果的。这对教育带来的启示就是，我们不应该太过执着于运用这些自己相信能够提高学生思维能力的东西。在过去，被认为是古典语言的拉丁语和希腊语，在今天并没有受到重视，你会看到很多学校反而在国际象棋上投入了更多关注。另外，现在还有人力捧将计算机编 125

程作为一种提升解决逻辑问题能力的方法。虽然拉丁语与希腊语在过去的确具有实用性与娱乐性，放在当下仍是两门富有魅力的学科，但是宣称这两门语言能够锻炼“分析能力”的这种说法最好不要太相信。

参考资料：

[1] Cimpian, A., Mu, Y., & Erickson, L. C. (2012). Who is good at this game? Linking an activity to a social category undermines children’ s achievement. *Psychological Science*, *23*(5), 533−541.

[2] Ganley, C. M., Mingle, L. A., Ryan, A. M., Ryan, K., Vasilyeva, M., & Perry, M. (2013). An examination of stereotype threat effects on girls’ mathematics performance. *Developmental Psychology*, *49*(10), 1886−1897.

[3] Howard-Jones, P. (2014). *Neuroscience and education: A review of educational interventions and approaches informed by neuroscience.* Education Endowment Foundation. Retrieved May 15, 2014, from<http://educationendowmentfoundation.org.uk/uploads/pdf/NSED_LitReview_Final.pdf>.

[4] Lupien, S., Maheu, F., Tu, M., Fiocco, A., & Schramek, T. (2007). The effects of stress and stress hormones on human cognition: Implications for the field of brain and cognition. *Brain and Cognition*, *65*(3), 209−237.

[5] Willingham, D. T. (2009). *Why don’ t students like school? A cognitive scientist answers questions about how the mind works and what it means for the classroom.* San Francisco, CA: Jossey-Bass.

第四章

教育技术的神话

127 简目

不是媒体决定了学习者是否可以有效学习。

有关教育需要变革或者至少是把它贴上过时标签的一个最常被提及的理由，就是近年来发生的技术巨变。如今简直有点难以想象，25 年前，仅有很少一部分人能接触到网络，1993 年，Mosaic——第一个被广泛使用的网络浏览器问世，之后，登录万维网的人越来越多。如今，我们口袋里的智能手机随时都能连接互联网，智能手机拥有的超强计算能力远远超
128 越了当年将人类送上月球的“阿波罗”导航计算机。拥有桌子、黑板或白板以及——毁灭思想的——书籍的学校被视为一种古老的机构，即使这样的学校会用数字板（digiboard）或学习平台，它也会用一种传统的方式加以使用。

我们可以花很多小时——或者写很多页——来讨论社会聚焦技术变革是不是一个典型的“时间中心主义”，即认为自己所处的时代是很特殊或独特的，我们很难评价自己所处的时

代是否经历巨变，只因我们身处其中。因为靠得太近，所以很难判断。“时间中心主义”是否也是一个需要破解的神话？谁说不是呢？这也是一个值得讨论的话题。

在本章中，我们会聚焦一些很棒的工具，会讨论数字原住民，也会探讨技术是否会让我们变傻的恐惧，还有一个我们很好奇的话题：你是通过纸张还是通过屏幕读到这些文字的？

神话 1　新技术正在引发一场教育革命 129

人们认为教学电视、计算机、数字板、iPad（苹果平板电脑）等这些新兴工具能够或将会改变教育，并且不止在认知层面。不过，如果你读过拉里·库班（Larry Cuban）等学者的研究成果的话，会发现学校的课堂实践在这些年里似乎并没有什么改变，即使是微软创始人比尔·盖茨（Bill Gates）——人们都觉得他一定不会反对在教育中应用技术——都这么总结道：“只是给人们设备将会是一个糟糕的记录。”

正确使用这些工具和资源无疑会有改变教育的潜力，这种改变往往是全方位的，而不是局部的。例如，印刷文字影响巨大，但这种影响——正如那么多其他工具和资源——是内嵌在整个社会系统中的。如果要思考某一资源对教育的特别影响，我们需要具体到类似黑板这样的工具。

在 1983 年，理查德·克拉克（Richard Clark）发表了一项权威性的研究成果，其中指出，不是教学媒介，而是教学法的不同造成了学习的差异，他在研究中说，教学媒介“只是传输内容的载体，它不会影响学生的学业成绩，就如运食品的卡车并不会对我们的营养系统有所改变”。但他并不认为媒体选择是不重要的。按他自己的话说，好的教学应“针对特定的学习者和学习目标，基于可获得的资源和性价比高的媒体选择合适的教学方法”。在1994年，他甚至大胆预言，媒体绝对不会影响教育，这一预言基于这样的观点：在当时，没有证据显示某种媒体一定保证学生学习更有效率。他认为媒体只是一种教学的手段或载体，学习的关键仍然在教师的手里。

20多年过去了，今天的我们需要重新思考一个问题，即克拉克的观点仍
130 然站立得住吗？过去的20多年让我们见证了令人难以想象的技术大突破，即使这样，露丝·克拉克（Ruth Clark）和梅耶（Mayer）仍然认为根本性的改变并没有发生。他们指出，过去60年的有关教学方法和教学资源的比较研究都显示，不是媒体决定了学习者是否可以有效学习。理查德·克拉克和菲尔顿（Feldon）的研究表明，学习的有效性主要取决于媒体的使用方式以及媒体中传递的教学内容的质量。当媒体（或多媒体）被用于教学时，媒体的选择本身并不影响学习。哈蒂（Hattie）指出，那些在传统学习环境中更有效的教学方法，如学习者控制和解释性反馈等，在计算机支持的教学环境中也同样会更有效。

这样的观点被称为“是方法不是媒体”假说，宋（Sung）和梅耶的研究对此假说进行了验证。在他们的研究中，学生学习一个在线多媒体课程，内容是有关太阳能电池的工作原理，包含了11页幻灯片，有800字的描述。学生们或者在一个实验室里使用台式电脑（如iMac），或者在一个院子里使用移动设备（如iPad）进行学习，但他们也使用不同的教学方法。一些学生接触到的是连贯的课程内容，其中没有标题内容（标准方法），另一些学生接触到的是片段式的课程内容，学习者通过点击按钮进入下一页，每一页都有一个标题概括该页的内容（提高方法）。通过不同媒体和方法的不同组合，我们能发现哪个要素最关键。在两种媒体中，使用提高方法的学生组表现都优于使用标准方法的学生组，这表明，对基于台式电脑和基于移动设备的学习而言，学习结果都受学习方法影响（方法效应）。在经历两种不同的方法后，基于移动设备学习的学生比基于台式电脑学习的学

生有更高的继续学习意愿。由此可知，对于标准方法和提高方法，媒体对学习动机有一定的影响。有效的教学方法能够通过不同媒体提高学习效果，通过手持教学媒体能提高学生继续学习的意愿。在讨论下一个神话时我们还会回来讨论动机问题。

是技术成熟度曲线而不是大肆宣传？ 131

加特纳（Gartner）公司，一个信息技术研究与咨询公司，在 1995 年提出过一个成熟度曲线模型，用来描述技术在不同工业和服务业领域（包括教育）的演变过程（图 11）。

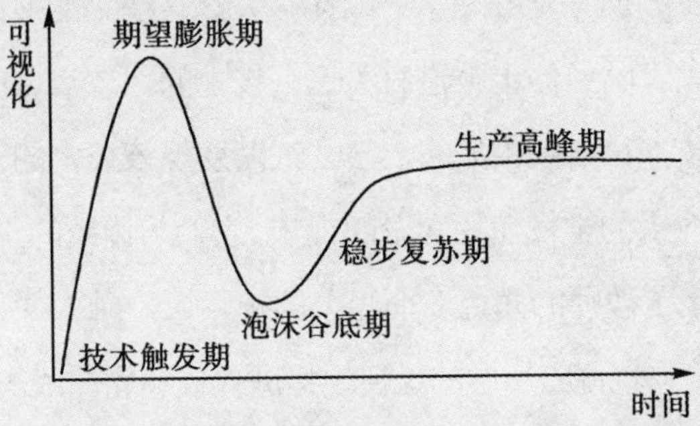

图 11　Gartner 成熟度曲线

Jeremy Kemp 绘制，据 Gartner Inc.(2013, July 3). Hype cycle research methodology. Retrieved from <http://www.gartner.com/technology/research /methodologies/hype-cycle.jsp>，released under the GNU Free Documentation License，downloaded from <http://en.wikipedia.org/wiki/Hype_cycle# mediaviewer/File:Gartner_Hype_Cycle.svggr1>.

按照加特纳公司的划分，成熟度曲线包含五个阶段：

1. 技术触发期（上升期）：技术成熟度曲线的第一个阶段被称为“技术触发期”或萌芽期，产品发布或其他相关事件引起媒体极大的关注和兴趣，诸如 iPad 这样的平板电脑问世，或者早期电视的出现，这样的技术都曾轰动一时。

2. 期望膨胀期（快速发展期）：在第二个阶段，公众对技术的狂热产生了对它们过度和不现实的期待。例如，你听到这样的宣言，iPad或电视将彻底改变教育，或许这样的新技术甚至会让传统学校消失。当我在写此书的时候，大规模在线开放课程（MOOCs）似乎就在这一阶段，不过，很有可能当你读到此书时，它们已经进入下一阶段了。

3. 泡沫谷底期（下降期）：技术进入到下降期是因为它们不能满足那些不切实际的预期以及它们不再成为时尚潮流。当你的同事（你知道是哪位）告诉你他不会在他的课堂上使用这种新技术时，这一阶段就出现了。

4. 稳步复苏期（复苏期）：或许有关这一技术的浪潮已经过去，新闻媒体及其代表已经停止报道有关这一技术的优缺点，而一些教师仍然会去体验该技术，去做相关的教学尝试以发现该技术的实际应用情况及优势。例如，今天的学校使用大量的视频，它们与传统的学校电视不一样，因为电视取代了教师的角色，而短小的视频只是融入课程中的一部分内容。这意味着（教育应用中的）视频将进入成熟度曲线的最后一个阶段。

5. 生产高峰期（稳定应用期）：当一个技术的优势被完全地展示出来并被世人所接受时，它就达到了稳定应用阶段。

成熟度曲线模型源自一个营利性组织，虽然被引用率很高，不过它并不是一个被验证过的模型。理查德·维拉德（Richard Veryard）指出这一模型面临几个重要问题。第一，根据这一模型，所有技术似乎最终结局是一样的，这一点很奇怪。第二，更不可思议的是，所有的点都完美地呈现在曲线上。维拉德由此得出结论：“对于一个科学头脑而言，这明显意味着坐标轴并不基于某个真实的客观测量，曲线本身也不是基于科学探究或测量，而是基于标准的工程模式。”第三，维拉德认为奇怪的是曲线的形状经过10年也没有什么变化（或加速），虽然所有的证据都指向一条变化的（收缩的）曲线。

尽管如此，在思考教育系统内外使用技术时，用这样的视角是很有用的。

资料来源：

[1] Jarvenpaa, H., & Makinen, S. J. (2008). Empirically detecting the hype cycle with the life cycle indicators: An exploratory analysis of three technologies. In *IEEE International conference on industrial engineering and engineering management, 2008 (IEEM 2008), Singapore* (pp. 12–16). Piscataway, NJ: IEEE.

[2] Linden, A., & Fenn, J. (2003). *Understanding Gartner' s hyper cycles.* Stamford, CT: Gartner Strategic Analysis Report No. R-20-1971.

[3] Veryard, R. (September 16, 2005). Technology hype curve. Retrieved April 14, 2014, from <http://demandingchange.blogspot.be/2005/09/ technology-hype-curve.html>.

如果我们考察技术对教学效果的影响，并不容易看清全局，这是因为并没有太多比较研究去关注这样两组被试：一组利用一个新技术的优势进行学习，而另一组不用这个新技术的优势。约翰·哈蒂（John Hattie）曾做过这个领域的元研究，发现有各式各样的结论。丘琪鸿（Hew）和张荣森（Cheung）写过一个评论，是有关中小学和高校中的技术应用，尤其是诸如维基、博客和虚拟世界等 Web 2.0 工具的应用，得出的结论是有关这些技术对学生学习影响的真实证据仍然比较弱。也有许多研究发现学生学习上的积极的进步 [例如，吕特尔（Rüther）的评论中描述了技术在数学和科学领域的积极影响]，不过，那些产生积极学习效果的案例都源于好技术使用和好教学的结合。学习提高的关键是不要将教师误认为只是教学工具，让计算机替代教师的日常工作，而是让计算机作为教师教学的有益补充和帮助。

然而，2009 年，一个有关数字化学习的元研究初步发现，同时利用数字化学习和面对面教育的课程——人们熟知的混合学习——比不用技术的课程效果更好。武泰（Wouters）和范奥斯滕多普（Van Oostendorp）在其元分析的研究中指出，基于计算机游戏的学习也有类似的结果，教学的角色仍需要产生真正的学习影响力。教师教学支持可以体现在不同的形式上，如提供反馈、提供“脚手架”和给出建议。

有关技术本身能改变现行教育体制的说法仍有一些有待商榷的地方，克拉克和菲尔顿对此总结如下：

◇多媒体教学适合不同的学习风格，因此，它能为更多的学生提供最大化学习机会。正如我们在（第二章）神话 1 中所描述的，学习风格这一概念本身就是教育领域的又一个都市神话。

◇多媒体教学对有助于学习的强调学生自我管理的建构主义和发现教学法有促进作用。在（第二章）神话 6 中我们讨论了有关探究的要素，克拉克和菲尔顿由此得出结论“基于发现的多媒体项目对专家或那些对所学主题有较多先前知识的学生而言是很有帮助的，那些对所学主题没有或有不多先前知识的学生在得到全面指导教学的情况下学得最好”。事实上，该结论和上面提到过的一个结论相似，也再次说明了媒体本身不影响学习。学习者的已有知识因人而异，已有知识少或不多的学习者比已有知识多的学习者更能从教师指导中受益，不论教学中使用的是何种媒体。

134 ◇多媒体教学为学习者提供了教学进度的自主权和自控权。虽然技术本身能做到这一点，但更重要的是这样的自主和自控是不是好事。让学生决定学习步调，例如，暂停或放慢速度播放视频或演示，会对学习有利。不过，只有小部分学生能从自主选择课程顺序、学习任务和学习支持中受益，对大部分学生的学习而言，这会产生非常消极的影响。

神话 :-\

媒体很少影响教、学和教育，也没有一种媒体是适合一切情境的。

参考资料：

[1] Clark, R. E. (1983). Reconsidering research on learning from media. *Review of Educational Research, 53*, 445–449.

[2] Clark, R. E. (1994). Media will never influence learning. *Educational Technology Research and Development*, *42*(2), 21–29.

[3] Clark, R. E., & Feldon D. F. (2014). Ten common but questionable principles of multimedia learning. In R. E. Mayer (Ed.), *The Cambridge handbook of multimedia learning* (2nd ed., pp. 151–173). Cambridge: Cambridge University Press.

[4] Clark, R. C., & Mayer, R. E. (2011). *E-learning and the science of instruction: Proven guidelines for consumers and designers of multimedia learning.* San Francisco, CA: Pfeiffer.

[5] Cuban, L. (2009). *Oversold and underused: Computers in the classroom.* Harvard, MA: Harvard University Press.

[6] Hattie, J. (2009). *Visible learning*: *A synthesis of over* 800 *meta-analyses relating to achievement.* London: Routledge.

[7] Hew, K. F., & Cheung, W. S. (2013). Use of Web 2.0 technologies in K-12 and higher education: The search for evidence-based practice. *Educational Research Review*, *9*: 47–64.

[8] Means, B., Toyama, Y., Murphy, R., Bakia, M., & Jones, J. (2009). Evaluation of evidence-based practices in online learning: A meta-analysis and review of online learning studies. Technical Report. Washington, DC: Center for Technology in Learning.

[9] Rüther, K. (2012). ICT en leerprestaties-Een systematische review naar de invloed van ICT op leerprestaties in exacte vakken in het voortgezet onderwijs. Thesis, University of Twente.

[10] Sung, E., & Mayer, R. E. (2013). Online multimedia learning with mobile devices and desktop computers: An experimental test of Clark' s methods-not-media hypothesis. *Computers in Human Behavior*, *29*, 639–647.

[11] Wouters, P., & Van Oostendorp, H. (2013). A meta-analytic review of the role of instructional support in game-based learning. *Computers & Education*, *60*, 412–425.

[12] Young, J. R. (2012). A conversation with Bill Gates about the future of higher education. *Chronicle*, Retrieved June 27, 2012, from <http://chronicle.com/article/A-Conversation-With-Bill-Gates/132591/>.

135

神话 2　网络与课堂不可分，孩子体验世界需要它

你是否经常听到标题中这样的陈述？它听起来还挺有逻辑的，不是吗？同时，许多教师付出了一定的代价后发现，在课程中比较松散、随意地使用信息通信技术往往难以获得持续的成功。不过，目前的大多数研究只是评估了短期项目的效果。本章神话 1 提到了宋和梅耶的一个研究，它聚焦实际测试中学生对媒体的偏好，对学生而言，该测试只持续 12 分钟。即使在这个研究中，受媒体激励的学生（效果量为 0.60）并没有比那些给定教学法的学生（效果量为 0.67）学得更多。不过，如果我们讨论在教室里使用技术和互联网，一般认为这不是指一次或短期行为，而是长期的。因此，我们需要考察的是它们产生的长期影响。

加拿大高等教育战略委员会（Canadian Higher Education Strategy Associates）的一项研究显示，相对于数字化学习或使用其他技术进行学习，学生更偏好于“日常的、接近真实生活的”课程，这样的研究结果有些令研

究者吃惊，“它似乎不是我们所预期的结果，我们觉得学生应该会拥抱高科技领域发生的一切。相反，他们看起来更偏好人际互动，希望在教室的讲台上看到的是一个聪慧的人”。

该研究同时发现，在一门具体的课程中，技术用得越多，学生们感觉他们从课程中学到的东西越少。来自 60 所加拿大高校的 1380 名接受问卷调查的学生对其所修的课程整体满意，但数字化论坛、在线交互或其他技术元素越多的课堂，学生的满意度就越低。同时，过半数的学生表示，如果课程中包含过多信息或在线视频课程，他们会跳过这些内容。

这样的研究结果对数字化学习来说乍一看非常令人沮丧，不过，受访者 136
对后续其他问题的回应还是比较积极的。

大部分学生（59.6%）表示在课程中他们喜欢更多的电子内容。当被问到喜欢在线看哪些内容，53.6% 的受访学生表示他们喜欢在线课程笔记，46.4% 喜欢网络课程记录。

这些研究结果与 2011 年克丽丝·琼斯（Chris Jones）和邵滨湖（Binhu Shao）的研究结果大致合拍，他们的研究主要考察青少年对教育新形态和信息通信技术使用的期望，其研究结论总结如下：

◇学生和教师之间的差距不是很大，并没有大到难以跨越。事实上，师生关系取决于教师对学生使用新技术的要求。鲜有证据支持学生（在未来的教育中）期待使用这些新技术。

◇在考察的所有研究中，学生都一致表示他们希望课程中适度使用信息通信技术，“适度”显然是一个不易去量化的词。

◇学生不会自然而然地去大量使用新技术，比如博客、维基和虚拟世界，如果学生需要或者被要求在课程中使用这些技术，他们一般不会反对这么做，不过，这不是他们自身的内在需求。

或许当技术使用变得越来越普遍时，情境会有所改变。然而，针对格拉斯哥学生的一项研究发现这样的改变很少，被调查的学生倾向于选择传统教学法，外加偶尔使用技术工具来传递内容。有关传统书和电子书的比较研究也显示学生喜欢阅读纸质书。

一个令人难过的事是，即使学生倾向于在学校里使用技术，这并不意味着他们因此可以学得更多。2005年，克拉克和菲尔顿的研究显示，“目前能得出的最好结论是，整体而言，多媒体课程对学生或许更有吸引力，他们因此愿意选择它们，不过……学生的兴趣并不意味着他们能学到更多，事实上，相比较教师主导的课程，学生在多媒体课程中学的明显少很多”。10年以后，基于更多的研究，克拉克和菲尔顿仍然支持这一结论。

137 在其最新的书里，丹雅·博伊德（danah boyd）（她用小写字母拼写她的名字）描述了年轻人使用技术的主要缘由，这些缘由多半与社交有关，例如分享信息、在线或面对面交流。他们确实会讨论学校里发生的事情，不过，技术在其中扮演的角色与脸书或苹果手机和安卓手机作为学习机器时很不一样。

学生在教育中使用技术的三种形态：工具使用者、分离者和整合者

之前提到过的加拿大研究案例来自一个有关高等教育中数字学习者的研究项目，其中第二阶段的研究发现了一些重要的有关高校学习者如何看待和使用数字技术来达到其社交和学术目的，以及如何分离和整合其使用行为的结果。该论文已提交审核，不过，马克·布伦（Mark Bullen）已经将其在线发表（Bullen，Morgan，2013）。

学生使用技术的三种形态包括：

◇工具使用者（或者称之为工具受限者或特定工具使用者）通常只使用一种或两种技术工具，或者只用某一种工具的一种或两种功能。换言

之，工具使用者通过使用有限的技术资源（工具）来开展活动，或使用某一技术来完成特定的活动或具体的一个小任务（例如游戏或与他人联络）。

◇分离者会有意识或无意识地将他们使用技术时的学术活动和社交活动分离开来。根据活动理论，社交生活和学术生活是截然不同的两个系统，其间有明显的边界。同样的技术工具可以同时为两个系统所用，不过，在两个系统中基于技术开展活动的社区和规则会很不一样，因此，这些被共用的工具并不作为边界对象。

◇整合者会在其使用的工具类型和实践中重叠社交活动和学术活动的范围。换言之，存在明显的边界对象以及边界交叉，交叉的程度由主题决定。

资料来源：

Bullen, M., & Morgan, T.(2013). Digital learners in higher education: Implications for teaching,learning & technology. Retrieved April 14, 2014, from <https://app.box.com/s/oie8y6mi8062ftq8g05d>.

我们不会说互联网不应进入课堂或者它在教室里毫无作用，相反，它显然是有用武之地的，而且也正在发挥这种作用，但前提是它必须用于正确的内容和出于教学的目的。在这样的情境中，还值得注意的是，当前描述的神话通常与后面的神话有一定关联。

神话 :-\

这听起来很简单，但有关信息通信技术最重要的一件事是学生或学习者必须体验它，知晓它在学习中的价值（换句话说，学习体验因技术变得更加有效率、有效果或更愉悦）；否则，他们会失去兴趣。另一点非常重要，即教育的世界不应与真实世界发生的事情割裂开来。

参考资料：

[1] boyd, d. (2007). *Why youth (heart) social network sites*: *The role of networked publics in teenage social life* (pp. 119–142). *MacArthur foundation series on digital learning-Youth, identity, and digital media volume*. Cambridge, MA: MIT Press (pp. 119–142).

[2] boyd, d. (2014). *It' s complicated*: *The social lives of networked teens*. New Haven, CT: Yale University Press.

[3] Bullen, M., Morgan, T., & Qayyum, A. (2011). Digital learners in higher education: Looking beyond stereotypes. *Proceedings of the ED MEDIA conference*, Lisbon, July 1, 2011.

[4] Clark, R. E., & Feldon, D. F. (2005). Five common but questionable principles of multimedia learning. In R. Mayer (Ed.), *The Cambridge handbook of multimedia learning* (pp. 97–117). New York: Cambridge University Press.

[5] Clark, R. E., & Feldon, D. F. (2014). Ten common but questionable principles of multimedia learning. In R. E. Mayer (Ed.), *The Cambridge handbook of multimedia learning* (2nd ed., pp. 151–173). Cambridge: Cambridge University Press.

[6] Friedrich, H. F., & Hron, A. (2010). Factors influencing pupils' acceptance of an e-learning system for secondary schools. *Journal of Educational Computing Research*, *42*(1), 63–78.

[7] Gros, B., Garcia, I., & Escofet, A. (2012). Beyond the net generation debate: A comparison of digital learners in face-to-face and virtual universities. *International Review of Research in Open and Distance Learning*, *13*(4) Retrieved November 22, 2012, from <http://www.irrodl.org/index.php/irrodl/article/view/1305/2311>.

[8] Jones, C., & Shao, B. (2011). *The net generation and digital natives*: *Implications for higher education*. York: Higher Education Academy.

[9] Kaznowska, E., Rogers, J., & Usher, A. (2011). *The state of e-learning in*

Canadian universities, 2011: *If students are digital natives, why don' t they like e-learning*? Toronto: Higher Education Strategy Associates.

[10] Margaryan, A., Littlejohn, A., & Vojt, G. (2011). Are digital natives a myth or reality? University students' use of digital technologies. *Computers & Education*, *56*(2), 429–440.

[11] Sung, E., & Mayer, R. E. (2013). Online multimedia learning with mobile devices and desktop computers: An experimental test of Clark' s methods-not-media hypothesis. *Computers in Human Behavior*, *29*(3), 639–647.

[12] Woody, W. D., Daniel, D. B., & Baker, C. A. (2010). E-books or textbooks: Students prefer textbooks. *Computers & Education*, *55*(3), 945–948.

神话 3　今日的数字原住民是需要新型教育的新一代 139

数字原住民！当人们讨论教育中的数字创新问题时，这一词很容易被提及。同义词还包括霍华德·加德纳（Howard Gardner）描述的“网络一代”“zappiens 人”“app 一代”等。不过，这样的提法似乎不应提倡，即使是这个词的发明者，马克·普林斯基（Marc Prensky），在其最新著作《大脑所得》（*Brain Gain*）中也说到数字原住民的提法过时了。这是否意味着我们在未来听不到这些话了？不幸的是，这不会发生。当我们统计一下它在广播中出现的频率时会发现，在相当长的时期内（在本书的编写过程中）它平均每周出现两次。这会浪费我们好几个收音机，因为每当我们听到“数字原住民”这几个字时，我们就想扔什么东西到收音机上或者将收音机扔到哪里。

最糟糕的是，这个概念是被列举频率最高的用以支持教育系统需要彻底改革的理由之一。为澄清这一点，在此——希望是最后一次——本文罗列几条可以将这一概念扔到教育历史垃圾桶里的证据。

数字原住民这个概念被用来描述这样一代年轻人，他们出生在数字世界里，对他们而言，各式各样的信息通信技术都是再自然不过的存在。那些出生在更早年代的成年人因此被冠名为“数字移民”，他们努力地争取跟上原住民的步伐。马克·普林斯基 2001 年创造了这个词，当时他用该词特指那群整天和技术打交道的年轻人。和前辈相比，数字原住民有显著的特征，他们精通技术，他们有在传统教育中没有好好得到培养的学习偏好，正如基尔希纳（Kirschner）和范梅里恩伯尔（van Merriënboer）所说的，普林斯基创造的这个词以及与之相对的“数字移民”并不是基于对这一代人的研究，而只是将他所观察到的现象进行一定的合理化。

140 当这一概念被广为人知以后，额外的一些观点被赋予其中。来自阿尔伯塔大学的埃里卡·史密斯（Erika Smith）描述了不同语境中有关数字原住民的八个观点：

1. 他们（数字原住民）拥有认知和存在的新方式。这一观点背后的潜台词是教育机构（行政主管、教育者）和家长迫切需要意识到并适应这些具有新型学习风格或不同认知和存在方式的数字原住民学习者。维姆·维恩（Wim Veen）——术语“zappiens 人”的发明者——对此进行补充，认为对于数字原住民而言，“学习就是玩耍”，“学校是和朋友见面而不是学习的场所”。由此观点可见，如今的教育，常和数字移民关联在一起，因仍沿用旧式教学方式（例如，旧的存在和认知方式）而将遇到大麻烦。

2. 他们（数字原住民）正掀起一场数字革命以变革社会。史密斯看见的另一个强势观点是大家有必要承认和接受数字革命正在变革社会。很多人强调这样的革命在高等教育领域很明显也很重要，但随着“平板学校”在很多国家的大量涌现，这样的观点被认为将适合所有年龄段。

3. 他们（数字原住民）生来能娴熟地使用技术。在有关数字原住民的讨论中，学生被认为天生能熟练使用技术，他们渴望在所有领域都使用数字技术。与之相对的是年长的教育者，也就是数字移民，他们缺少技术使用的娴熟度。如果问大多数家长或教师，他们会同意这样的说法，因为他们的孩子在技术上帮助过他们。

4. 他们（数字原住民）是多任务执行者，喜欢团队作业和强调合作。网络一代的学习者经常被称为多任务执行者，喜欢团队作业和强调合作，这一点我们在（第三章）第一个大脑神经活动的神话中有所讨论。

5. 技术语言对他们（数字原住民）而言是母语。正因为这一点，数字原住民常常被认为具有一些独特的观点和能力，尤其是面对技术语言时他们有独特的资质。

6. 他们（数字原住民）热爱游戏、互动和模仿。根据这一观点，游戏、互动和模仿（多线性的、视觉的和虚拟的环境）深受网络一代喜爱，他们也适合这些活动。

7. 他们（数字原住民）希望得到即时满足。网络一代经常被描述为要求即时满足、具有很短时间专注力和对延迟零容忍的人。他们不需要全部，但需要当下得到。

8. 他们（数字原住民）会对知识经济有所思考和回应。作为最后一个观点， 141
史密斯描述道，数字原住民的拥护者会经常强调网络一代的需求和知识经济（例如，学生作为消费者，需要消费者满足感）之间的强相关性，尤其是在信息时代。

史密斯总结道，并没有太多证据支持这些观点，这么说的人并不只有她一个。本内特（Bennett）、梅顿（Maton）和科尔文（Kervin）在 2008 年开展的一项元分析中早已经说过，没有明显的证据可以支持“数字原住民”这个术语的使用。

一种新型的 ADHD

正如基尔希纳和范梅里恩伯尔所见，如今的孩子似乎正在遭受一种新型的 ADHD——注意力缺陷超链接障碍（attention deficit hyperlink disorder），因为这些学习者在计算机面前表现得像一只蝴蝶，轻轻掠过屏幕上的信息，或者接触到或者没有接触到其中的片段信息（如超链接），又很快地飞去浏览下一页信息，其间或者没有意识到信息的价值，或者没有任何计划。萨洛蒙（Salomon）和阿尔莫格（Almog）第一次提出了这种蝴蝶式缺陷。基尔希纳和范梅里恩伯尔总结道，学习者很容易被诱导（理查德·梅耶称之为学习材料中的“花边内容”）去点击链接，而忘记了他们要寻找什么。这种蝴蝶式的闲逛会导致知识网络连接很脆弱。许多搜索任务都结束在有趣却无关主题的信息泥塘之中。

拉维扎（Ravizza）、汉布瑞克（Hambrick）和芬恩（Fenn）的研究显示，这种注意力缺陷超链接障碍也会危及最聪明的学生，课堂上无关学习的互联网使用会导致他们考试成绩下降。

资料来源：

[1] Kirschner, P. A., & van Merriënboer, J. J. G. (2013). Do learners really know best? Urban legends in Education. *Educational Psychologist*, *48*(3), 1−15.

[2] Mayer, R. E. (2005). *The Cambridge handbook of multimedia learning.* Cambridge: Cambridge University Press.

[3] Ravizza, S. M., Hambrick, D. Z., & Fenn, K. M. (2014). Non-academic Internet use in the classroom is negatively related to classroom learning regardless of intellectual ability. *Computers & Education*, *78*: 109−114.

[4] Salomon, G., & Almog, T. (1998). Educational psychology and technology: A matter of reciprocal relations. *Teachers College Record*, *100*, 222−241.

不过，或许数字原住民这一概念更像是一种预测，我们需要等待（它的出现）。今天的年青一代没准儿就是真的数字原住民。如果我们看一下戴维·M. 142
肯尼迪（David M. Kennedy）和鲍勃·福克斯（Bob Fox）有关香港高科技领域的研究，答案是显然的。肯尼迪和福克斯考察了大一新生如何使用和理解各种数字技术，和丹雅·博伊德在美国青少年群体中的研究所得一样，他们发现香港大学的大一新生确实在广泛地使用数字技术。

学生利用各式各样的技术来交流、学习、和朋友保持联系以及探究身边的世界。不过，他们主要利用技术来进行“个人赋权和娱乐”。肯尼迪和福克斯强调，更重要的是学生“并不总是拥有足够的数字素养来利用技术支持其学习，尤其是当学生用技术进行学习的过程中将自己当作内容的消费者而不是内容的创造者时”，这一点特别明显。

马尔加良（Margaryan）、利特尔约翰（Littlejohn）和沃伊特（Vojt）指出，大学生——正宗的数字原住民——在学习和社交中仅使用了有限的技术，“……这些学生使用的工具大部分是成熟的技术，尤其是移动手机、媒体播放器、谷歌、维基百科等，掌上电脑、游戏、社交网站、博客以及其他新型社交技术的比例还是非常低的”。有许多其他研究者的研究支持同样的研究结论（例如，Selwyn，Williams，Rowlands），即大学生掌握的有关技术的知识并没有那么多，他们拥有的知识往往局限在基本的 office 使用技巧、电子邮件、发文字信息、脸书和浏览互联网。

当我们将目光转向欧洲，同样考察这一主题时就会发现，2011 年大规模欧洲联盟儿童在线报告将“数字原住民”这一概念第一次列入有关青少年和技术的十大神话之中。只有 36% 的 9—16 岁欧洲孩子表示他们掌握的互联网知识比他们的父母更多些。

基尔希纳和范梅里恩伯尔在不同的国家，例如奥地利、澳大利亚、加拿大、瑞士和美国等，考察了这一议题并都得出相同的结论，即数字原住民一代这样的概念并不存在。

在本章神话 2 讨论有关教育技术的应用时我们提到过，琼斯和邵的研究
143 发现，如果要考察（并不存在的）数字原住民和教育之间的关系，我们需要用非常细致的方式去分析现实情况。值得一提的是，他们报告中得出的结论可以挂在教育大家的床头：

◇并没有证据显示有一代全新的学习者进入高等教育，“网络一代”或“数字原住民”这样的术语并不能准确地描述目前所发生的变化过程，事实情况更多样、更复杂。

◇并没有证据显示学生们有强烈的要求改变（高等）教育中的教学法（例如，希望有更多团队和小组活动），不过，这并不意味着他们会反对这样的改变（可以查看前面有关教育中技术神话的内容）。

研究者们因此得出结论，被定义为数字原住民的新一代学生并不能成为现行教育结构需要彻底变革的理由。通过比较不同的研究，研究者发现，年青一代的学习者并没有形成“数字原住民”概念所描述的那样的一个新生代，这些学生也没有对教育中的信息通信技术使用有任何特别的要求。

由琼斯和邵所做的评价可以得出一个更重要的结论，即相关的政治抉择应更明确些，而不是被并不存在的“代系变化”这样的论调所迷惑。这一神话导致的后果可能是在教育系统中我们往往会忽视对年轻人数字技能的更深入的培养。

神话 :-\

数字原住民本身就是一个神话。并没有证据显示如今的一代在教育体系中需要和之前代系不同的教育或教学方式。

参考资料：

[1] Bennett, S., Maton, K., & Kervin, L. (2008). The “digital natives” debate: A critical review of the evidence. *British Journal of Educational Technology*,

39(5), 775−786.

[2] Bullen, M., Morgan, T., Belfer, K., & Qayyum, A.(2009). The net generation in higher education: Rhetoric and reality. *International Journal of Excellence in E-Learning, 2*, 1.

[3] Bullen, M., Morgan, T., & Qayyum, A. (2011). Digital learners in higher education: Generation is not the issue. *Canadian Journal of Learning & Technology*, *37*, 1.

[4] Gardner, H., & Davis, K. (2013). *The app generation: How today' s youth navigate identity, intimacy, and imagination in a digital world.* New Haven, CT: Yale University Press.

[5] Gros, B., Garcia, I., & Escofet, A. (2012). Beyond the net generation debate: A comparison of digital learners in face-to-face and virtual universities. *International Review of Research in Open and Distance Learning*, *13*(4) Retrieved November 22, 2012, from <http://www.irrodl.org/index.php/irrodl/article/view/1305/2311>.

[6] Jones, C., & Shao, B. (2011). *The net generation and digital natives: Implications for higher education.* York: Higher Education Academy.

[7] Kennedy, D. M., & Fox, B. (2013). "Digital natives" : An Asian perspective for using learning technologies. *International Journal of Education & Development Using Information & Communication Technology*, *9*, 1.

[8] Kirschner, P. A., & van Merriënboer, J. J. (2013). Do learners really know best? Urban legends in education. *Educational Psychologist*, *48*(3), 169−183.

[9] Livingstone, S., Haddon, L., Görzig, A., & Olafsson, K. (2011, September). *EU kids online-Final report*. Retrieved September 22, 2011, from <http://www2.lse.ac.uk/media@lse/research/EUKidsOnline/EUKidsII%20(2009-11)/EUKidsOnlineIIReports /Final%20report.pdf>.

[10] Margaryan, A., Littlejohn, A., & Vojt, G. (2011). Are digital natives a myth

or reality? University students' use of digital technologies. *Computers and Education*, *56*, 429–440.

[11] Prensky, M. (2001). Digital natives, digital immigrants. *On the Horizon*, *9*, 5.

[12] Prensky, M. (2012). *Brain gain: Technology and the quest for digital wisdom.* New York: Palgrave Macmillan.

[13] Reeves, T. C., & Oh, E. J. (2008). Do generational differences matter in instructional design? Retrieved August 10, 2012, from <http://blogs.ubc.ca/dblinks /files/2011/08/DoGenerationalArticle_ID.pdf>.

[14] Selwyn, N. (2009). The digital native-Myth and reality. *Aslib Proceedings: New Information Perspectives*, *61*, 364–379.

[15] Smith E. E. (2012). The digital native debate in higher education: A comparative analysis of recent literature. *Canadian Journal of Learning & Technology*, 38, 3.

[16] Veen, W. (2006). Homo zappiens. Retrieved March 16, 2011, from <http://www.hansonexperience.com/blog/2006/12/slides_van_de_p.html>.

[17] Veen, W., & Vrakking, B. (2006). *Homo zappiens: Growing up in a digital age.* London: Network Continuum Education.

[18] Williams, P., & Rowlands, I. (2007). *Information behaviour of the researcher of the future: Work package II.* London: University College London.

145

神话 4　互联网让我们变傻了

近年来，许多作家，经常是神经学家，如苏珊·格林菲尔德（Susan Greenfield）或曼弗雷德·斯皮策（Manfred Spitzer）——在他 2012 年出版的书《数字痴呆》（*Digitale Demenz*）中，成为一群新的技术批判者，他们认同这样的观点，即人们因使用技术而正在变傻。因为脑具有可塑性，他们认为互联网让我们的脑子重新布线，这是很糟糕的。在一些国家，弗林效应确实停止下来。“弗林效应”指的是从 20 世纪 30 年代到如今世界很多区域测量到的智力测试成绩显著和长久的增长。

然而，（弗林效应）停止的原因说法不一且不清不楚。詹姆斯·弗林（James Flynn）在他 2012 年出版的书中提出了弗林效应的概念，他早就怀疑这一效应是否真的可以测量出我们是否变得更聪明了。还有其他一些可能的原因可以解释智力测试成绩的提高，比如，教育变得更像智力测试。伍德利（Woodley）、特·奈恩惠斯（te Nijenhuis）、穆斯特（Must，O.）和穆斯特（Must，A.）甚至认为智力测试中更好的分数源自对难度大的题目的更多猜测。

维多利亚时代的人比我们聪明吗？

伍德利、奈恩惠斯和墨菲（Murphy）在其 2013 年的一个元分析中提到，他们很兴奋地发现了弗林效应的反例，研究发现 19 世纪人的平均智力水平比现在的平均水平高。他们的逻辑是：（1）1889 年以来，在不同测试中，被测试者的平均回应时间加长了；（2）反应时间和一般智力水平成反比；（3）因此，平均智力水平从那时起开始下降。然而，不得不说的是，导致研究者得出这样结论的逻辑需要再三推理，其中有些值得怀疑。我们可以得出结论，即使一般智力水平随着时间推移而有所下降，这也并不表明整体智力下降。

资料来源：

Woodley, M. A., te Nijenhuis J., & Murphy, R. (2013). Were the Victorians cleverer than us? The decline in general intelligence estimated from a meta-analysis of the slowing of simple reaction time. *Intelligence, 41*(6), 843–850.

因此，我们不能轻易地说互联网是导致弗林效应停止的部分原因，因为我们不知道到底是什么原因导致了弗林效应。有一些作者，如史蒂文·约翰逊（Steven Johnson），认为使用（新）媒体是近年来平均智商水平提高的重要因素。

如今的我们越来越依赖技术。来自纽约哥伦比亚大学的贝齐·斯帕罗（Betsy Sparrow）教授用“谷歌效应”描述这一现状，她和她的研究团队发现，如果学生觉得某一信息在网上查找不到，他们就更容易记住这一信息。她的研究还发现，相比较记住信息本身，学生更容易记牢在哪里可以查找某一信息。从这个角度讲，大众熟悉的“谷歌”搜索引擎正迅速成为一种“额外内存”。

难道这真是表明互联网让我们变傻的证据吗？坦白地说，我们不知道。当下还没有令人信服的经验性证据可以决定这一议题的讨论该朝哪个方向走。虽然尼古拉·卡尔（Nicolas Carr）在其著作《浅滩》（*The Shallows*）中列举了很多指标，但他的论述是个人化的、描述性的，而不是科学的。史蒂文·平克（Steven Pinker）认为，通过使用谷歌来处理“不必要的信息”，我们因此可以更好地使用大脑，就像我们现在用卫星导航代替了地图。或许他说的是对的。最后一点，我们一定比过去知道得更多了。所以，为什么我们就变傻了呢？

在2010年针对尼古拉·卡尔著作的评论中，克里斯托弗·查布里斯（Christopher Chabris）和丹尼尔·西蒙斯（Daniel Simons）两位杰出的神经学家，致力于证明对数字化杞人忧天的人是错误的。他们指出，谷歌没有使我们变傻，PowerPoint没有毁掉我们的文学，互联网也没有真正改变我们的大脑：

外创性损伤会改变大脑的研究支持了神经可塑性的说法，不过，这些研究仍然是无关紧要的。大脑“连接”基本的设计源自基因遗传和生物化学反应，这一切的发生远远早于小孩接触脸书（Facebook）和推特（Twitter）。没有实验证据表明和新技术打交道会根本性地改变大脑组织结构以致影响一个人的注意力。当然，只要我们记忆或学习新技能，我们的大脑就会有所改变，不过，新技能是建立在我们已有的能力之上的，而不是完全改变已有的能力。我们不会因此丧失我们的注意力，就如我们不会丢失我们听、看和说的能力一样。

不过，我们仍需要关注孩子们日常看屏幕的时间。美国儿科学会（AAP， 147
2006）已经发出警告，过多使用媒体将导致注意力缺失、学校学习困难、睡眠和听力障碍以及肥胖等问题。来自爱荷华州立大学的研究也证实了这样的观点。因此，美国儿科学会建议两岁及以上的儿童每天接触屏幕的时间不要超过 1—2 个小时。哈蒂（Hattie）也指出，过多地看电视会对学习有明显的消极影响。值得注意的是，已有的许多研究关注了电视的影响，而非交互技术，如智能手机和社交媒体的影响。同时，已有的研究更多关注相关性的研究而非因果关系的研究，也就是说，电视看得多的孩子学业表现更差可能是由其他原因导致的。

注意到《芝麻街》节目了吗？

有关媒体使用会缩短孩子注意力时间的说法可以追溯到 20 世纪 60 年代后期。当孩子们看电视的时间越来越多时，这个说法日渐流行起来，其原因是简短和零散的商业广告以及相对短的电视节目播放时间（如《芝麻街》），使孩子和青少年们的注意力时间减少了（Newman，2010）。

虽然这一说法由来已久，学者施密特（Schmidt）和安德森（Anderson）指出，没有证据支持看电视会损害孩子注意力这种说法。他们的研究确实发现电视对孩子有积极和消极的影响，但这些影响和媒体形式没有关系，而和其中的内容有关。例如，学前孩子如果观看《芝麻街》节目的内容会得到积极的影响，而看（纯）娱乐的节目可能会对其学习有消极影响。

资料来源：

[1] Newman, M. Z. (2010). New media, young audiences and discourses of attention: From Sesame Street to "snack culture". *Media, Culture & Society*, *32*(4), 581−596.

[2] Schmidt, M. E., & Anderson, D. R. (2007). The impact of television on cognitive development and educational achievement. In N. Pecora, J. P. Murray, & E. Wartella (Eds.), *Children and television*: *Fifty years of research* (pp. 65−84). Mahwah, NJ: Lawrence Erlbaum Associates.

需要微调 :-|

讨论很激烈地继续进行着，那些站在“互联网让我们变傻”阵营的人并没有坚实的证据支持其观点，“互联网让我们变得更聪明”的观点或许更值得讨论。

148 **参考资料：**

[1] American Academy of Pediatrics (2006). Media and children. Retrieved April 10, 2014, from <http://www.aap.org/en-us/advocacy-and-policy/aap-health-initiatives/Pages/Media-and-Children.aspx>.

[2] Carr, N. G. (2010). *The shallows*: *What the Internet is doing to our brains.* New York: W.W. Norton.

[3] Chabris, S., & Simons, D. (2010). Digital alarmists are wrong. *Los Angeles Times,* Retrieved December 26, 2013, from <http://articles.latimes.com/2010/jul/25/opinion/la-oe-chabris-computers-brain-20100725>.

[4] Flynn, J. R. (2012). *Are we getting smarter?: Rising IQ in the twenty-first century.* Cambridge: Cambridge University Press.

[5] Gentile, D. A., Reimer, R. A., Nathanson, A. I., Walsh, D. A., & Eisenmann, J.

C. (2014). Protective effects of parental monitoring of children' s media use: A prospective study. *JAMA Pediatrics*, *168*(5), 479−484.

[6] Hattie, J. (2009). *Visible learning: A synthesis of over 800 meta-analyses relating to achievement.* London: Routledge.

[7] Johnson, S. (2005). *Everything bad is good for you: How today' s popular culture is actually making us smarter.* Grand Rapids, MI: Riverhead Publishing.

[8] Pinker, S. (2010). Mind over mass media. *The New York Times*, Retrieved June 13, 2010, from <http://www.nytimes.com/2010/06/11/opinion/11Pinker. html>.

[9] Smart, P. (2010). Cognition and the web. In 1st ITA Workshop on Network-Enabled Cognition: The contribution of social and technological networks to human cognition, Maryland, USA. Retrieved June 9, 2012, from <http://eprints. soton.ac.uk/271824/1/Cognition_and_the_Webv13.pdf>.

[10] Sparrow, B., Liu, J., & Wegner, D. M. (2011). Google effects on memory: Cognitive consequences of having information at our finger-tips. *Science*, *333*(6043), 776−778.

[11] Spitzer, M. (2012). Digitale Demenz *[Digital dementia]* Munich: Droemer Knaur.

[12] Swain, F. (2011). Susan Greenfield: Living online is changing our brains. *New Scientist,* 2823.

[13] Woodley, M. A., te Nijenhuis, J., Must, O., & Must, A. (2014). Controlling for increased guessing enhances the independence of the Flynn effect from g: The return of the Brand effect. *Intelligence*, 43, 27−34.

神话 5 年轻人不再读书了

年轻人当然在阅读，他们读得还挺多。正如霍尔·索雷尔（Hall Sorrell）和霍珀（Hopper）解释的，青少年一直在阅读各种技术所呈现的内容。但当人们说今天的年轻人阅读量少了的时候，并不是指阅读网络信息或文本信息，而是指阅读纸质书籍。

2010 年，英国的《读者文摘》（*Reader' s Digest*）调查了 2000 名成人和 700 名孩子的阅读习惯（参见 *The Telegraph*，2010），调查结果显示：

◇五分之一的孩子几乎没读过一本书；

◇三分之一的人没有读过一本书；

◇二十分之一的孩子从来没有读过一本书。

这些数据和很多人的想法相符，即年轻人和孩子们不再阅读，尤其是为了快乐而阅读。不过，一份大众流行的月刊杂志所做的调查是否就可以成为该说法的可靠来源呢？

或许更加科学合理得来的数据会告诉我们更多，2007 年的一份名为《是否还在阅读》的报告显示，在过去的 20 年间，美国年轻人的阅读呈下降趋势，研究比较了 1982—2002 年间的数据，发现少于三分之一的 13 岁儿童会每天阅读。20 年间，从不为了快乐而阅读的 17 岁青少年人数翻倍。然而，为了学业或家庭作业而阅读的时间在这 20 年间保持不变。不过，这些数据目前来看略显陈旧，而且是来自数字时代早期所做的调查。

经济合作与发展组织（OECD）所开展的国际学生评估项目（PISA）不仅评估学生的学习结果，还考察他们的学习行为。行为方面的评估总结成小型的主题式的 PISA 文章。2011 年的评估内容包括《年轻人和为了快乐而阅读》的报告，其中最重要的结论如下：

◇平均而言，三分之二的学生每天为了快乐而阅读。

◇ 2000—2009 年间，在经济合作与发展组织成员国的很多国家中，每天为了快乐而阅读的学生比例在下降，不过，在有些国家，这一比例在上升。在美国，这一比例大致保持不变。那些比例下降的国家中很多是在 2000 年时的比例非常高的，而一些比例上升的国家在 2000 年时的比例相对较低。 150

◇年轻人为了休闲目的而阅读的程度与他们的 PISA 结果呈正相关，不过，只是正相关，并不是因果关系。

◇来自社会经济地位较高家庭的男孩和女孩比那些来自社会经济地位较低家庭的孩子们阅读更多，不但如此，2000—2009 年间，他们的差距在增大。

2012 年 PISA 考试并没有聚焦阅读，因此，我们没有经济合作与发展组织成员国的相关数据。2012 年，一份名为《生活的阶段》的调研报告调查了青少年的阅读习惯，其中发现 77.7% 的受访者表示他们每个月会至少阅读一本学校规定以外的课外书，只为个人休闲的目的。近四分之一的受访者（24.5%）表示每个月会读 5 本或更多课外书，这样的比例远高于 PISA 显示的数据，不过，这或许和抽样方法有关。在美国，皮尤研究中心在 2012 年曾调研过美国人（包括年轻人）的阅读习惯，30 岁以下的书籍阅读者在过去的 12 个月中平均消费 13 本书，中间数是 6 本，换言之，在那个年龄阶段的读者群中一半的书籍阅读者阅读少于 6 本，一半的书籍阅读者阅读超过 6 本。即使在数字年代，图书馆对于多数（美国）年轻人而言依然很重要。皮尤研究中心的调查发现，在 2013 年调研前的 12 个月中，16 岁或以上的美国人中，53% 去过图书馆或流动书屋，25% 访问过图书馆网址，13% 使用手持设备（如智能手机或平板电脑）访问过图书馆网址。

印刷品、屏幕或者音频，哪个最好？

随着人们接触信息的渠道越来越多样化，大家都想知道哪种渠道是最好的。不过，相关主题的研究还有待开展以便获得更多的证据。

在此提到的研究也需要更多的重复和进一步的检验。狄龙（Dillon）在1992年做的一个元评论中指出，阅读电子教材——虽然有时有不同的观点——会花费更多时间，不过，理解并未受到影响。之后的研究结论
151 意见不一：稍多一些的研究认同早前的这些结论，但几乎同样多的研究也发现纸质阅读和屏幕阅读在阅读速度和阅读理解方面几乎没有显著差异。在2013年为《科学美国人》所做的一个文献综述中，费里斯·贾布尔（Ferris Jabr）总结道，在阅读长篇文本方面，纸墨媒介仍有优势。

2013年，加拿大安大略省滑铁卢大学开展的一项研究考察了人类大脑是如何处理各种形式的阅读材料的，在该研究中，235名参与者被邀请阅读比尔·布赖森（Bill Bryson）所写的畅销科学书《万物简史》（*A short history of nearly everything*）的三个片段，参与者通过电脑屏幕不出声地阅读其中一个片段，大声地阅读其中的另一个片段，通过音频的方式聆听第三个片段，此时电脑屏幕上不出现文字信息。在这三种阅读方式中，参与者都会接受测试以了解三方面的认知影响：走神、记忆和兴趣。走神程度的测量主要看屏幕上时不时出现的提示以及询问参与者是否注意力集中。记忆程度的测量主要看阅读片段后的是非题测试情况，兴趣是通过参与者评级来测量的。研究结果发现，出声阅读会导致最轻微的走神，聆听段落内容最容易导致走神。同时，聆听段落内容会导致最糟糕的记忆水平和最低的兴趣水平。

资料来源：

[1] Dillon, A. (1992). Reading from paper versus screens: A critical review of the empirical literature. *Ergonomics*, *35*(10), 1297−1326.

[2] Jabr, F. (2013). The reading brain in the digital age: The science of paper versus screens. *Scientific American*, *11*. Available in <http://www. scientificamerican.com/article/reading-paper-screens/>.

[3] Noyes, J. M., & Garland, K. J. (2008). Computer-vs. paper-based tasks: Are they equivalent? *Ergonomics*, *51*(9), 1352–1375.
[4] Sousa, T. L. V., Carriere, J. S., & Smilek, D. (2013). The way we encounter reading material influences how frequently we mind wander. *Frontiers in Psychology*, *4*, 892.

如前所述，年轻人还是在大量阅读的。数据清晰地显示，他们中的很多人为了快乐而阅读。不过，我们需要小心做断言，因为在许多国家，阅读的人数确实在减少。即使这样，我们仍知阅读是重要的，无论是年轻人自己阅读，还是父母阅读给孩子听。

很久以来，研究者们发现父母的受教育水平和孩子们在校的学业表现之间有明显的相关性，然而，内华达大学玛丽亚·埃文斯（Mariah Evans） *152*
领衔的一个为期20年的研究显示，在不考虑地点（美国还是中国）以及父母的受教育水平时，家里拥有许多书或许是（孩子学业水平）非常重要的影响因素。

该研究得出的结论是，在没有书的家庭环境下长大的孩子和在家里拥有500册图书环境下长大的孩子之间受教育水平的差异基本等同于文化水平很低的父母（受3年教育）养育的孩子和受过高等教育的父母（受15—16年教育）养育的孩子之间的差异。平均而言，拥有500册藏书和父母接受过高等教育这两个因素都可以使一个孩子接受3.2年的额外教育。家里有书的重要性比父亲受教育水平的重要性高出两倍，当书本达到20本或更多时，这种重要性就开始凸显出来。

这是否意味着家里大大地增加藏书量会提高孩子们在学校的学业水平？或许不能这么说，但它肯定会有利于诸如“在家阅读”这样的项目。

我们还会阅读长篇文本吗?

2014 年 3 月，《华盛顿邮报》上发表的一篇文章警告读者在线浏览如何危害阅读。虽然文章中提到了几位研究者，但我们对此仍知之不多。威林厄姆（Willingham）在回应这篇文章时指出，任何对此议题进行评述的人（包括他和本书的作者）在目前阶段都只是在猜测。他指出，我们大脑的适应力比我们想象的要慢一些（参见本章神话 4 中的查布里斯和西蒙斯的评论），这样的解释更让人信服一些。他认为，我们不是更缺乏阅读复杂内容的能力，而是更不愿意这样做而已，由于在线浏览“使得寻找阅读、观看或聆听的内容变得十分容易”，因此，我们对“很无聊、不值得做的事”的标准降低了很多。

资料来源：

[1] Mount, B. J. (2014). Serious reading takes a hit from online scanning and skimming, researchers say. *The Washington Post,* Retrieved April 17, 2014, from <http://www.washingtonpost.com/local/serious-reading-takes-a-hit-from-online-scanning-and-skimming-researchers-say/2014/04/06/088028d2-b5d2-11e3-b899-20667de76985_story.html>.

[2] Willingham, D. (2014). Don’t blame the Internet: We can still think and read critically, we just don’t want to. *Real Clear Education*, Retrieved April 17, 2014, from <http://www.realcleareducation.com/articles/2014/04/16/dont_blame_the_web_we_can_still_think_and_read_critically_we_just_dont_want_to_942.html>.

153 需要微调 :-|

在许多国家，包括美国，为了快乐而读书的人数在减少。然而，这并不意味着阅读消亡了，因为许多年轻人仍然享受着阅读。

参考资料：

[1] Evans, M. D. R., Kelley, J. S., & Treiman, D. J. (2010). Family scholarly culture and educational success: Evidence from 27 nations. *Research in Social Stratification and Mobility*, *28*, 171−197.

[2] Gioia, D. (Ed.), (2017). *To read or not to read: A question of national consequence*. Washington, DC: National Endowment for the Arts.

[3] Hall Sorrell, A., & Hopper, P. F. (2012). Are they reading or not? *National Forum of Teacher Education Journal*, *22*, 3.

[4] Organisation for Economic Co-operation and Development (2011, September). *PISA in focus: Do students today read for pleasure*? (Report No. 8). Retrieved September 15, 2011, from <http://www.oecd.org/pisa/pisaproducts/pisainfocus/48624701.pdf>.

[5] The Telegraph (2010). Literacy concerns as a fifth of youngsters admit hardly ever reading books. *The Telegraph*, Retrieved November 19, 2010, from <http://www.telegraph.co.uk/culture/books/booknews/8114451/Literacy-concerns-as-a-fifth-of-youngsters-admit-hardly-ever-reading-books.html>.

[6] Zickhur, K., & Rainie, L. (2013). *Younger Americans' library habits and expectations*. PEW Research Center. Retrieved April 16, 2014, from <http://libraries.pewinternet.org/files/2013/06/PIP_Younger_Americans_and_libraries.pdf>.

154 神话 6　除了学到暴力，你从游戏中别无所获

对于在教育中使用游戏，人们的态度似乎不是拥护就是反对。相关的研究发现了什么呢？来自康涅狄格大学的研究人员（和游戏者一起）做过有关游戏学习效果的专业文献梳理，发现游戏对语言、历史和运动（如果你有 Wii 式的控制器）有明显的学习效果，不过，对数学和科学而言没有明显的学习效果。一项有关游戏和 PPT 演示讲解对生物学和电机学学习的比较研究显示，游戏——即使是明显为学习目的设计的游戏——对相同内容的学习帮助没有 PPT 有效。该研究最重要的一个结论是该领域需要开展更多的后续研究。

还有其他一些方面的内容值得引起人们的关注。上面提到的研究试图在游戏和具体科目的内容及目标之间建立关系。不过，难道没有可能从游戏中学到其他东西吗？你不能学到的是多任务处理技能。杜克大学的研究人员发现，这种技能仅为少数人（Donohue，James，Eslick，Mitroff）拥有。那么，游戏是否有可能会提高你的感知速度？

这一问题正是罗切斯特大学某一项实验研究的主题，研究人员考察了两组年龄在 18—25 岁的参与不同游戏的年轻人，实验组被安排玩 50 个小时的动作游戏，比如《使命召唤 2》（*Call of Duty 2*）或《虚幻竞技场》（*Unreal Tournament*）等，对照组被安排玩 50 个小时比较放松的游戏，比如《模拟人生》（*The Sims*）。50 个小时后，两组年轻人要完成系列要求快速做决策的测试题。为了完成这些测试，他们需要首先从电脑中获取信息（有时只是视觉信息，有时只是听觉信息），然后他们需要在最短的时间内对与所获信息相关的问题进行回应。

155 结果是让人印象深刻的，平均而言，动作游戏组的平均反应时间比对照组要快 25%。研究人员达夫妮 · 巴韦利埃（Daphne Bavelier）总结道：“动作游戏组的玩家单位时间内能做对更多的决策，如果你是外科医生或在战场

上，这样的结果会造成巨大的影响。”

决策速度提高的原因在于概率推理。当你在一个处境当中，你的大脑会不停地收集视觉和听觉信息，直到够做出一个合理决策为止。在游戏中，收集信息的过程被加速了。巴韦利埃补充说：

决策绝不是非黑即白，大脑一直在计算概率。就如同你在开车，当看到你右边有一个物体在运动时，你会估算车子是否可能和它相撞，根据那个概率，你会做一个决策：刹车还是不刹车。

我们经常听到“替代假说”的说法，该说法认为使用或沉浸在数字媒体中与使用印刷媒体之间会此消彼长。换言之，它们相加之和为零。如果十几岁的男孩子玩视频游戏少了，他们阅读纸质文本会多一些。伦哈特（Lenhart）等人对此有所研究，发现许多年轻人的阅读并不是被视频游戏所替代的，而是作为参与游戏的一部分内容融入游戏之中了。伦哈特和他的同事发现，36% 的游戏玩家通常会阅读游戏相关的文本（例如评论、相关策略网站、游戏粉丝写的小说、论坛帖子等），如果我们考察大型多人在线游戏，这一比例会上升到 59%。

康斯坦丝·斯坦库勒（Constance Steinkuhler）在四项研究中发现，视频游戏可以被视为解决青春期男孩子和阅读问题的有力解决方案，而不是问题的起因。她的原话是：

视频游戏经常会提供一个复杂的文本语境，激发年轻人的兴趣去浏览它，并为男孩子创造机会参与更广泛的阅读实践……阅读是玩视频游戏中不可或缺的一部分，阅读和游戏这两项活动并不是竞争关系，或许与很多教育者和研究者观点不一样，我认为大众游戏［如《魔兽世界》（*World of Warcraft*）］里的文学世界或许具有很高的智力价值，它是引导青年人进入文学阅读课堂的有效方式。然而，我们要谨防错误地将对品味的讨论认为是价值的讨论。

暴力会有什么影响？

有很多研究关注了媒体中暴力的可能影响。早前的研究关注电影和电视节目中的暴力问题，如今大家关注电脑游戏中的暴力问题。彼得·尼肯（Peter Nikken）试图总结有关该主题的所有研究成果，得出的结论是媒体中的暴力确实有一定的影响。这种影响表现在孩子们变得更好斗了，不过，也可能有相反的影响，当面对暴力时孩子们变得更加反暴力了。这很大程度上取决于暴力是由一个得人心的英雄发起的还是针对英雄实施的。尼肯总结道，孩子的暴力行为中有大约5%和媒体消费有关。有一些群体的孩子更容易受媒体暴力的消极影响，比如男孩子、有一些暴力天性的孩子、家庭环境特殊的孩子以及低移情的孩子。

金泰尔（Gentile）和同事们的纵向研究证实了以上观点，不过也发现了亲社会媒体——视频游戏、电影或电视中所扮演角色乐于助人的、关心人的、与人合作的行为——无论在哪种文化中都有积极的影响。

资料来源：

[1] Gentile, D. A., Li, D., Khoo, A., Prot, S., & Anderson, C. A. (2014). Mediators and moderators of long-term effects of violent video games on aggressive behavior: Practice, thinking, and action. *JAMA Pediatrics*, *168* (5), 450−457.

[2] Nikken, P. (2007). Kinderen en mediageweld *[Children and media violence]* Amsterdam: SWP.

神话 :-\

你可以从游戏中学到一些东西。因此，得出“游戏在教育中毫无益处”这样的结论有些过于草率。不过，声称“游戏是学校里有效的学习工具”目前也缺乏可靠的证据。

参考资料：

[1] Adams, D.M., Mayer, R. E., MacNamara, A., Koenig, A., & Wainess, R. (2012). Narrative games for learning: Testing the discovery and narrative hypotheses. *Journal of Educational Psychology*, *104*, 235–249.

[2] Coxworth, B. (2010). Sorry, parents-video games are good for the mind. *Gizmag,* Retrieved July 9, 2012, from <http://www.gizmag.com/video-games-increase-decision- making-abilities/16397/>.

[3] Donohue, S., James, B., Eslick, A., & Mitroff, S. (2012). Cognitive pitfall! Videogame players are not immune to dual-task costs. *Attention, Perception & Psychophysics*, *74*(5), 803–809.

[4] Green, S. C., Pouget, A., & Bavelier, D. (2010). Improved probabilistic inference as a general learning mechanism with action video games. *Current Biology*, *20* (17), 1573–1579.

[5] Lenhart, A., Kahne, J., Middaugh, E., Rankin Macgill, A., Evans, C., & Vitak, J. (2008). *Teens, video games, and civics.* Washington, DC: Pew Internet and American Life Project.

[6] Steinkuhler, C.(2011). *The mismeasure of boys*: *Reading and online videogames.* WCER Working Paper. Retrieved from <http://www.wcer.wisc.edu/publications/workingpapers/workin_paper_no_2011_03.pdf>.

[7] Young, M. F., Slota, S., Cutter, A. B., Jalette, G., Mullin, G., Lai, B., et al. (2012). Our princess is in another castle: A review of trends in serious gaming for education. *Review of Educational Research*, *82*, 61–89.

神话 7 只要给贫穷的孩子接触电脑的机会，就可以帮助他们学习

修伽陀·米特拉（Sugata Mitra）的 TED 演讲今天依然共享在网络上。其演讲内容非常吸引人，其中提到，只要往印度贫民窟里放置一些电脑，孩子们就会自发地进行学习。他在新德里贫民窟的街道墙上挖出一些洞并在洞中放置电脑，为当地不识字的孩子提供接触电脑的学习环境。2013 年，他因此而获得了 TED 一百万美元奖励。显然，我们并不反对这位教授做的好事。米特拉的愿景是如今我们称之为“微创教育”的一部分，即教育很少提供或不提供方向，学习者是一切（或绝大部分）活动的起点。

为了进一步了解这个概念，我们调查了这个项目背后的科学故事，它为我们提供了一幅更加细致入微的画面，其中部分内容呈现在演讲视频中，不过，它的影响力绝不是人们最初想象的那么大。

最让我们惊讶的是，米特拉的研究很少被科学文献引用。2001 年之后引用他论文的文献主要源自他自己以及他的同事，而且绝大多数的论文出现在同一本杂志上。虽然这并不一定是不好的现象，但至少可以说是不寻常的现象。马克·华曲洽勒（Mark Warschauer）和帕耶尔·阿罗拉（Payal Arora）也认为缺少有关“墙洞”项目的专门研究。两位研究人员都到过开展该项目的现场。阿罗拉发现了在喜马拉雅山脉（Himalayas）中部的阿尔莫拉（Almora）和哈瓦尔巴格（Hawalbagh）这两个社区中开展的“墙洞”试验并不成功。她采访了当地的学生、教师和参与该项目的其他人员，发现当地人只是对电脑有一些模糊的印象。他们能记得的就是大家为自由学习欢呼雀跃。阿罗拉指出，很多“墙洞”试验项目失败是因为缺乏社区去维持这样的项目。

该项目幕后的研究人员声称此项目在其他一些地区也取得了成功。当我们考察米特拉和他的团队从事的后续研究时就会发现一些很重要的细节。

◇该项目采用的方法对女孩子不利，即使对男孩子也有一个明显的优先顺序。换言之，这个项目加剧了不平等。这种现象可能在英国不太明显，我们猜测可能的原因是该项目在英国是应用在教室环境中的，在其中比较容易限制因决定谁能使用电脑而产生的“争吵”。

◇在印度实施的项目更多用于游戏和玩耍。

◇该项目在一些地区失败了，部分原因是和故意破坏有关。当项目实施9个月后，研究人员重返这些地区，在有些地方他们发现很难找到还能记得这个项目的人。这并不一定就是一个不良后果，研究人员指出，与协调的政策方法相比，这主要与该项目特定的性质和影响有关。

◇参与者从该项目中学到的计算机技能大多是最基本的技能。没有专门的指导，只有极少数学习者能掌握比较复杂的技能。

◇如果有一些专业指导，参与者可以学到一些更为复杂的技能，相当于在正规学校学生的学习效果。

用于测量参与该项目和没有参与该项目的孩子之间学习差异的研究方法也是值得质疑的（这些差异米特拉在其演讲中提到了）。对照组的孩子仅在项目开始和结束时被邀请填写问卷，而实验组的孩子每个月都接受测试。有其他情境中的一些研究表明，例如勒迪格（Roediger）和卡尔匹克（Karpicke）有关测试效果的研究，定期测试通常会产生积极的学习效果，由此，我们不必惊讶在本项目中实验组有明显的学习效果。

项目中有关合作和信息共享处理的观点是非常有意义的——我们不想否认这一点——不过，专业指导和指引方向同样很重要，哪怕只是让人通过系列提问引导学习者解决问题都是很好的方式。

这个项目和“一人一本”（OLPC，One Laptop Per Child）项目没有什么两样。在后者这个项目中，同样是一位教授，来自麻省理工学院媒体实验室的前主任尼古拉斯·尼葛洛庞帝（Nicholas Negroponte），将不昂贵的、太阳能供电的笔记本电脑和平板电脑发放到非洲、亚洲和南美洲贫困地区的小

160 孩和年轻人手中。同样，我们对该项目的基本目标毫无疑义。OLPC 已经成为很多研究关注的内容，不过，利用随机对照实验的第一个大规模项目影响力评估研究刚刚发生在秘鲁。研究结果很清楚：

◇该项目极大地提高了当地贫穷孩子接触电脑的机会。

◇目前还没有证据显示该项目会改善数学和语言学习。

◇该项目对认知技能有一定帮助。

正如米歇尔·曲克诺（Michale Trucano）在世界银行网站上发布的一个博客帖子中描述的，这些发现引发了大讨论，而这样的讨论很快变成了有关其他内容的讨论。如果回顾一下我们考察过的不同研究，就会发现只是提供接触电脑的机会并不会产生很大的影响。如曲克诺所说的，将一些硬件放置到学校，然后期望奇迹发生，这只是一个坏主意而已。其他要素，如教师培训、班级规模和像样的教学材料，同样起到重要的作用。

总之，我们并不是有意贬低这些项目的价值，只是觉得关注一些细节是必要和重要的，尤其是当我们注意到很多人对于该项目的态度主要基于米特拉在 TED 上有关其他类似机构提供的好消息的讲演内容时，我们不想袖手旁观地坐等另一个神话被人为地创造出来。

需要微调 :-|

这些项目都是很知名的，不过，科学文献为我们提供了大量的不应被忽略的细节。

参考资料：

[1] Arora, P. (2010). Hope-in-the-wall? A digital promise for free learning. *British Journal of Educational Technology*, *41*, 689–702 Retrieved April 11, 2014, from <http://www.payalarora.com/Publications/Arora-HopeintheWall.pdf>.

[2] Cristia, J., Ibarrarán, P., Cueto, S., Santiago, A., & Severín, E. (2012).

Technology and child development: Evidence from the One Laptop Per Child program. Retrieved April 13, 2014, from <http://www.econstor.eu/bitstream/10419/89035/1/IDB-WP-304.pdf >.

[3] Fairlie, R. W., & Robinson, J. (2013). *Experimental evidence on the effects of home computers on academic achievement among schoolchildren* (NBER Working Paper No.19060). Cambridge, MA: National Bureau of Economic Research.

[4] Koseoglu, S. (2011).The hole in the wall experiments:Learning from self-organizing systems. Retrieved April 11, 2014, from <http://umn.academia.edu/SuzanKoseoglu>.

[5] McEwan, P. J. (2013). Improving learning in primary schools of developing countries: A meta-analysis of randomized experiments. Unpublished manuscript, Wellesley College.

[6] Mitra, S. (2007). Kid scan teach themselves. TED-talk. Retrieved December 18, 2012, from <http://www.ted.com/talks/sugata_mitra_shows_how_kids_teach_themselves>.

[7] Mitra, S., & Dangwal, R. (2010). Limits to self-organising systems of learning-The Kalikuppam experiment. *British Journal of Educational Technology*, *41*(5), 672−688.

[8] Mitra, S., & Rana, V. (2001). Children and the Internet: Experiments with minimally invasive education in India. *British Journal of Educational Technology*, *32* (2), 221−232.

[9] Roediger, H. L., & Karpicke, J. D. (2006). Test-enhanced learning taking memory tests improves long-term retention. *Psychological Science*, *17*(3), 249−255.

[10] Trucano, M. (2012). Evaluating One Laptop Per Child (OLPC) in Peru. Retrieved April 11, 2014, from <http://blogs.worldbank.org/edutech/

node/654>.

[11] Van Cappelle, F. (2004). Investigating the effects of unsupervised computer use on educationally disadvantaged children' s knowledge and understanding of computers. Unpublished master' s thesis, University of Amsterdam.

[12] Warschauer, M. (2002). Reconceptualizing the digital divide. *First Monday*, 7(7) Retrieved April 11, 2014, from <http://firstmonday.org/article/view/967/888>.

[13] Warschauer, M. (2002). *Technology and social inclusion: Rethinking the digital divide.* Cambridge: MIT Press.

[14] Warschauer, M. (2006). Literacy and technology: Bridging the divide. In D. Gibbs, & K. -L. Krause (Eds.), *Cyberlines 2: Languages and cultures of the Internet* (pp. 163–174). Albert Park, Australia: James Nicholas.

162

学习与技术：几点建议

说教育中的技术应用不是当前的一个热门话题，这似乎不太准确。我们可以在教室中用不同的方式使用技术：从简单地用 PPT 演示文稿或在课堂上播放视频，通过智能平板和在线支持材料如教具的提供，到如今高校流行的让世界各地成千上万学习者通过视频、自测和扩展论坛等活动一起学习的大规模在线开放课程 MOOCs（以及衍生的 BOOCs，xMOOCs 和 cMOOCs）。对于“在课堂内外如何最佳地使用技术”这一话题已经有很多研究（还有很多正在进行中），前面有关学习神话的章节提及的技巧在此同样可行。现在在下面列举的是一些具体的、基于研究结论的有关使用技术教学的技巧，我们希望各种类型的教育者都可以从中受益。

◇图文并茂比单一的文字呈现效果要好。

◇我们对多媒体并不陌生，不过，在实际使用技术的教学中，我们在备课时还是使用了太多的文字。如果能配以一些澄清和提高相应内容的清晰图像，学习者可以学得更好。不过，这并不是让你看轻或贬低文字的作用。

◇理查德·梅耶（Richard Mayer）有关多媒体学习的认知理论[在很大程度上基于艾伦·佩维奥（Alan Paivio）的双重编码理论和约翰·斯维勒（John Sweller）的认知负荷理论]。“在教室中（更广一点，在教育中）使用视频”是如今的一个热点话题，尤其是在萨尔曼·可汗（Salman Khan）创办了“可汗学院”并将大量的教学视频放在 YouTube 上之后。其间，大量的研究关注了视频的有效性问题，研究发现人们可以遵循或回避一些通用的规则。如果遇到以下情况，学生的表现或学习会不够理想：

——除了动画和讲述者的声音，还有对内容的总结和常规文字描述；

——视频很有趣，不过与主题无关。

◇准备在线视频课程的一个好起点可以是除去与学习主题无关的内容。163
除非图像和文本是与主题有关的，不然，搞笑的图像或文本只会对学习有消极影响。

◇如果你在在线课程材料或 app 中使用图像，建议为图像配的文字最好是念出来的，而不是写出来的。这样可以让学习者更好地聚焦图像信息（换句话说，无分散注意力效应），不会被所写的文字分散注意力。

◇不要大块地呈现学习材料内容，而是一次少量地呈现信息。

◇对于视频材料，以及文本或其他学习材料，如果用于在线课程或通过技术手段在教室里呈现，建议片段化呈现。四个 5 分钟视频的效果好过一个 20 分钟的视频，这一点已经得到经验证明了。研究还表明，如果让学习者在视频学习中控制暂停键，即自行决定什么时候停止以及什么时候继续，这一效果将会消失。这显然是教师的一项任务。

◇在你的视频或技术支持的课程中一定要给学习者足够多的操练机会。

◇允许学习者控制学习步调，包括停止、后退和重复多媒体材料（视频、动画等）。

◇即使为学习者提供了在线学习包，你仍然需要设计和传统课堂上一样多的练习环节，以便学习者有机会学以致用。这些操练的机会越实用越好，比如在一个具体的工作场景中，这样可以让学习者知道在未来什么样的生活情境中会用到这些知识。

参考资料：

[1] Clark, R. C., & Mayer, R. E. (2011). *E-learning and the science of instruction: Proven guidelines for consumers and designers of multimedia learning*. San Francisco, CA: Pfeiffer.

[2] Craig, S. D., Gholson, B., & Driscoll, D. M. (2002). Animated pedagogical agents in multimedia educational environments: Effects of agent properties, picture features and redundancy. *Journal of Educational Psychology*, *94*, 428−434.

[3] Fletcher, J. D., & Tobias, S. (2005). The multimedia principle. In R. E. Maye (Ed.), *The Cambridge handbook of multimedia learning*. Cambridge: Cambridge University Press.

[4] Kalyuga, S., Chandler, P., & Sweller, J. (1999). Managing split-attention and redundancy in multimedia instruction. *Applied Cognitive Psychology*, *13*, 351−371.

[5] Mayer, R. E., Heiser, J., & Lonn, S. (2001). Cognitive constraints on multimedia learning: When presenting more material results in less understanding. *Journal of Educational Psychology*, *93*, 187−198.

[6] Moreno, R., & Mayer, R. E. (1999). Cognitive principles of multimedia learning: The role of modality and contiguity. *Journal of Educational Psychology*, *91*, 358−368.

[7] Paivio, A. (1991). Dual coding theory: Retrospect and current status. *Canadian Journal of Psychology/Revue canadienne de psychologie*, *45*(3), 255−287.

[8] Sweller, J. (1998). Cognitive load during problem solving. Effects on learning. *Cognitive Science*, *12*, 257−285.

第五章 教育政策的神话

165

简目

教育时常是引发社会激烈论争的核心议题，比如：学校规模应该多大？班级人数的最大限额应该是多少？教育总是能够享受很丰厚的政府财政预算拨款，但是这些钱有没有被合理地使用？

我们必须清楚：我们都很尊重教育体系中不同层面的政策制定者，从教育部部长到校长，以及其他所有人。我们知道政策制定者要制定一项政策，必须要考虑各种不同群体的利益主张，而它们常常是相互冲突的。

本章的主题主要是讨论那些时常占据着教育政策制定者头脑的问题。我们先从解读政策制定者们喜欢做的事情开始，即教育的国别比较。

神话 1　不同国家的学校教育成果是可以公正比较的

166

我们总是喜欢做比较。家长总是关心孩子的表现是不是高于平均水平。学校也乐于相互比较，在国际层面的学校比较中，地方和国家层面的教育当局也常常会全力配合。当谈到教育改革时，PISA 的统计数据常常会被普遍使用。近年来，芬兰已经被视作其他国家教育改革的榜样。为什么是芬兰？因为芬兰除在 2012 年成绩有所下滑外，在历年的 PISA 评估中持续地表现优异，塑造了芬兰教育的奇迹。但是，PISA 究竟是什么？

PISA 是“国际学生评估项目”（Programme for International Student Assessment）的缩写。它是一项大规模的评价 15 岁学生所掌握的知识和技能水平的国际研究项目。

PISA 于 2000 年首次举办，此后每三年举行一次。评估主要考察三个认知领域：阅读素养、数学素养及科学素养。考察的重点是功能性知识和技能，学生通过对功能性知识和技能的运用将会对社会产生积极的作用。

这些比较性测验的组织是由经济合作与发展组织（OECD）赞助支持的。经济合作与发展组织是由 34 个不同国家与地区组成的政府间协作性组织，旨在研究、讨论和协商成员国的经济政策。为什么一个经济组织如此关注教育？因为他们相信高绩效的教育对经济发展有着积极作用。因此，在这种比较性的教育研究中包含着强烈的提高教育效益的经济思考的成分。我们思考和谈论教育的方式已经偏离对教育互动的讨论而转向关注教育产出。这种结果取向的教育观所带来的后果就是把教育现实狭隘地理解为一种结果或产出。我们越是抽象地看待国家，我们就越容易对他们进行相互比较，从而越少地去考虑不同国家的背景与环境。我们是否正在日益全球化的世界里寻求一种统一的教育体系，又或者这是否只是一个乌托邦式的幻想，确实是值得讨论的有趣话题。事实是，我们生活在一个全球化的世界中：我们拥有全球化趋势，但都在进行本地化的解读。

167

我们是否要开发全球性课程?

《芬兰经验》(*Finnish Lessons*)的作者帕西·萨尔贝里(Pasi Sahlberg)指出由于全世界对 PISA 考试日益关注可能带来的一个重要的副作用。他在自己的博客中写道:

很多人甚至会把这些国际标准化测验当作全球的课程标准。确实如此,OECD 早已发现 PISA 考试已经开始在很多国家的政策制定和教育改革中发挥重要的作用。学校、教师和学生会事先为参加这些考试做准备。学习资料也不断调整以适应这些考试的风格。学校的学习生活被分割为这些考试所测量的重要的学术性学习和其他那些考试中并不涉及的"不很重要"的学习。(Sahlberg,2012)

资料来源:

Sahlberg, P. (December 14, 2012). PISA+TIMSS+PIRLS=GERM? Retrieved April 20, 2014, from <http://pasisahlberg.com/pisa-timss-pirls-germ/>.

除时常被引用的 PISA 数据外,还有许多其他的比较研究,比如国际数学与科学趋势研究(TIMSS)和国际阅读素养进展研究(PIRLS)。这些研究都拥有高水平的质量监控,但是也很难考虑情境问题。

也有很多规模更小的比较研究,所牵涉的国家或地区的数量有限,使得这些研究能够更细致地关照情境细节。这些研究很少为外界所知,但仍然是有效的。正是基于这种比较的精神,教育政策制定者也喜欢通过考察其他国家的教育来寻找政策灵感。这显然是一种最方便但并不是最有效的比较教育学研究。我们为什么如此不辞辛苦?为什么比较各国教育体系是如此重要?那是因为我们想要做得更好,而且我们认为自己能够向那些在教育领域已经取得成功的国家或地区学习。

只是简单照搬那些“顶尖”国家的教育经验显然是一个国家做的最愚蠢的事情。从其他国家教育经验中获取灵感是可以的，但是一个好的教育科学工作者总是需要停下来反思所有可能的影响因素。阿曼达·里普利（Amanda Ripley）访问了在国际测验中表现优异的不同国家并指出了这些国家之间存在的巨大差异。

罗杰·斯丹德特（Roger Standaert）在其比较教育学的权威著作中提到了这一观点。他指出，我们都时常忽略了教育发生的具体背景由于地域的不同而千差万别，从“外国”的教育系统中复制某些要素，甚至是全盘照搬，168
都不太可能取得成功。举例来说，相对于教育成果在特定国家或区域产生的复杂过程，如人口演化、传统和自然资源等具体背景而言，我们对一个国家在 PISA 考试中的排名所表现出的教育成果常常是分析不足的。正因为如此，国别的比较有时候是具有迷惑性的。在培生出版社出版的比较研究报告中，我们可以看到芬兰和韩国在 PISA 考试中处于第一和第二的位置，但是这两个国家在教育取向上存在显著差异，里普利在她 2013 年的书中也提到了这一点。

芬兰的教育具有进步主义的取向，很少强调（标准化）考试，更多关注教育公正、创造性和健康的生活方式；然而韩国的教育取向则相对传统，更多关注技能和具体的学习结果。这也是斯丹德特提醒我们的，外国人常常会对一个国家的某些事情激动万分，但是这个国家自己的人却对此充满怀疑。我们需要非常谨慎地对待从外国舶来的案例，防止这些外国经验被用作使我们自己的政治动机合法化的手段。

你是否想要比较不同国家的教育体系？你要从哪儿开始？

比较不同国家的教育体系是十分流行的，但是考虑到各国背景的差异，这又是一项十分困难的工作。类似于国际阅读素养进展研究（PIRLS）、国际数学与科学趋势研究（TIMSS）和国际学生评估项目（PISA）这样的国际化考试是试图超越国别差异这一难题的一种重要尝试，然而各国情境差异的影响仍然显著地存在着。

我们有很多资源可以用来了解不同的教育体系和国家。

◇要了解欧洲国家，一个好的起点是欧洲教育体系百科全书（Eurypedia, https://webgate.ec.europa.eu/fpfis/mwikis/eurydice），这里提供了有关38个欧洲教育体系的详细描述，大部分是国家层面的教育体系，有些也涉及区域层面的教育体系。所有的信息都有英文版本，涉及具体的国家或地区的信息也同时提供相应国家或地区的通用语言版本。欧洲教育体系百科全书力求提供欧洲教育体系最准确的图景和介绍欧洲最新的改革，它是定期由欧洲教育体系百科全书网络及相关的国家工作组更新和完善的资源工具。欧洲教育体系百科全书是由 MediaWiki 授权，其中有大量的教育专家和欧洲各国教育部的参与。（http://eacea.ec.europa.eu/education/eurydice/contacts_national_units_en.php）

169 ◇经济合作与发展组织（OECD）有自己的信息工具并定期维护——教育 GPS（Education GPS, http://gpseducation.oecd.org/Home)，它是有关教育政策和实践、教育机会与产出的国际参照数据的重要来源。教育 GPS 可以在任何时刻实时获得，提供各国在发展高质量和公平的教育体系过程中的最新信息。

◇教育质量（Education Quality, SACMEQ，http://www.iiep.unesco.org/en/our-expertise/sacmeq）是一个由 15 个南非和东非国家的教育部组

成的国际公益发展组织，它致力于共同分享经验和专长，提升教育规划者运用科学方法监控和评估学校状况和教育质量的能力。

◇ CONFEMEN 教育系统分析项目（PASEC，http://www.confemen.org /le-pasec/, 法语网站），建立于 1991 年，通过提供有关教育系统表现的进展信息为教育政策的开发与监控做贡献。20 年来，PASEC 资助了 20 多个非洲和亚洲国家进行全国范围的教育评估。在 2012 年，PASEC 启动了国家比较评估研究，以满足更多国家的要求。

除了以上提到的，还有许多其他的资源。比如纽约大学图书馆的网站上就提供了以下资源链接：

◇联合国教科文组织（UNESCO，http://en.unesco.org/themes/education-21st-century）提供遍及全球的教育项目的大量数据和出版物。尤其可以参考其统计数据的门户网站（http://www.uis.unesco.org/Education/Pages/ default.aspx）。

◇ OECD（http://www.oecd-ilibrary.org/）是经济合作与发展组织的在线图书馆，其中的教育文献主要体现在经济合作与发展组织各成员国的文档中。

◇教育政策与数据中心（EPDC，http://www.epdc.org/）提供免费的全球教育数据、更好的数据可视化工具以及旨在改善发展中国家学校和学习质量的政策导向分析。

◇千年指标（http://mdgs.un.org/unsd/mdg/Default.aspx）呈现了 60 多项用来衡量千年发展目标（MDGs）进展的官方数据、定义、方法和来源。这些数据和分析是联合国统计司协调下的千年发展目标指标机构间专家组的工作成果。

◇世界银行教育统计数据（World Bank EdStats，http://datatopics.

worldbank.org/education/）从国家统计报告、新出版物的统计附件和其他数据来源收集全球范围内的教育数据。

170 ◇世界发展指标（World Development Indicators，http://databank.worldbank.org/data/home.aspx）的统计数据主要提供国家层面的各个领域的具体数据。

◇教育国际比较（International Comparisons in Education，http://nces.ed.gov/surveys/international/）（也被称为国际活动项目）支持一系列提供跨国教育比较的数据统计工作，主要包括开发国际比较的指标和开展国际评估与调查两个主要方面。

◇门户开放（Open Doors, http://www.iie.org/en/Research-and-Publications/Open-Doors）是一个为美国高校国际交流提供综合信息的平台，包括在美国高等教育机构学习和工作的国际学生与学者的信息，以及美国学生在国外学习互换学分的信息。

资料来源：

Collard, S..(2014, June 9). International and comparative education. Retrieved June 22, 2014, from <http://guides.nyu.edu/international_education>.

需要微调 :-|

国别比较确实能够为我们提供教育灵感，但是教育是非常复杂的事情，简单地照搬别国的教育方式并不能保证自己的成功。

参考资料：

[1] De Bruyckere, P., & Smits, B. (2009). *Is het nu generatie X, Y of Einstein? [Is it now generation X, Y or Einstein?]* Mechelen: Wolters/Plantyn.

[2] Economist Intelligence Unit. (2012, November 28). The learning curve (Report).

Retrieved November 28, 2012, from <http://thelearningcurve.pearson.com/the-report>.

[3] Feuer, M. J. (2012). No country left behind: Rhetoric and reality of international large-scale assessment (13th ed., William H. Angoff Memorial Lecture, Rep. No. PIC-ANG13). Retrieved October 2, 2012, from <http://www.ets.org/research/policy_research_reports/pic-ang13>.

[4] Lau, J. (2012). How much homework does it take to educate a nation? *New York Times*.

[5] Ripley, A. (2013). *The smartest kids in the world: And how they got that way.* New York: Simon and Schuster.

[6] Sahlberg, P. (2012, December 14). Exclusive! Pasi Sahlberg on TIMSS and PIRLS. Diane Ravitch' s Blog. Retrieved December 14, 2012, from <http://dianeravitch.net/ 2012/12/14/exclusive-pasi-sahlberg-on-timss-and-pirls/>.

[7] Standaert, R.(2007). *Vergelijken van onderwijssystemen [Comparing educational systems]*. Leuven: Acco.

[8] Stewart, W. (2012). Dissemination or contamination? *Times Educational Supplement*.

[9] Vakgroep Onderwijskunde Ugent (2012, January). PISA in een notendop: PISA Vlaanderen[PISA in a nutshell: PISA in Flanders]. Retrieved July 4, 2012, from <http://www.pisa.ugent.be/nl/over-pisa>.

神话 2　班级规模无关紧要 *171*

教育中的很多说法在教师看来都是不真实的（或者至少教师希望它们不是真实的），虽然会有各种细枝末节的差别，但实际上这些说法却常常比教师想象得更真实。其中之一就是班级规模对学习能力的影响。

近年来，世界各国的教育政策制定者和政治家们一直在反复提及关于扩大班级规模的观点，比如教育政策领域的阿恩·邓肯（Arne Duncan）、教育慈善界的比尔·盖茨（Bill Gates）或是传媒领域的马尔科姆·格拉德韦尔（Malcolm Gladwell），这甚至成为国际学生评估项目（PISA）首席分析师安德烈亚斯·施莱克尔（Andreas Schleicher）在TED演讲的主题。他们都相信已经有充分的证据证明班级规模不会影响学校的业绩表现。这个观点不断地被提及，但是很多教师依据直觉判断却得出了相反的观点。

尽管对许多人而言，这种说法听来是违反直觉的，政策制定者还是指向了像国际学生评估项目（PISA）或哈蒂（Hattie）——在他调查的元研究中都没有发现证据说明班级规模会影响学习能力——这类的研究。当然，实际的情况要更为复杂。

研究表明小班教学确实对学生更有利，因为它能够让学生更加集中注意力。但是，这常常跟教师的教学质量等要素紧密相关。很多研究者认为教师水平是远比班级规模更重要的学习要素。这种观点又带来另一种看法，即一个配备了高水平教师的人数在28—30名学生的班级要比配备了中等资质教师而人数在22—24名学生的班级更好。与这种观点类似，也有证据证明班级规模只在学生人数少到一定程度即班级人数达到16人及以下时才会有影响，而这显然需要耗费巨大的成本投入。

经济合作与发展组织的高层管理人员安德烈亚斯·施莱克尔也曾在《纽约时报》（*The New York Times*）2012年的专访中谈及班级规模这一主题。众所周知，他是经济合作与发展组织中直接影响像国际学生评估项目（PISA）或《教育概览》（Education at a Glance）这些重要教育报告的上层人物。他指出，经济合作与发展组织的所有报告都显示：如果你必须在好教师和小班额两者中做出选择的话，你最好选择好教师。

然而，好教师并不能从树上长出来，这也是与缩小班级规模相关的问题：

小班额就意味着需要更多的教师。师资短缺一直是世界各国都面临的日益严峻的问题，不仅在西方发达国家，发展中国家也是如此。如果我们需要更多的教师，就会冒着降低选拔标准的风险，而一旦如此就意味着好教师的数量会下降。但是如果你聘用低水平的教师，学生的学习水准也会下降，那么降低班级规模也会失去意义。 172

当然，我们还可以更复杂地从另一个角度来看这个问题。大班额究竟具有多大的吸引力？如果班级规模过大我们还能否招到符合要求的教师？

西北大学的黛安娜·惠特莫尔·尚岑巴赫（Diane Whitmore Schanzenbach）副教授 2014 年由科罗拉多州立大学国家教育政策研究中心发表的报告在回顾各种研究证据的基础上，就班级规模问题提出了完全不同的结论：

◇班级规模是影响学生学业成绩的重要的决定因素，同时也是直接受政策影响的因素。在其他条件一样的情况下，增大班级规模对学生有害无利。

◇证据表明增大班级规模不仅会在短期内影响学生的考试成绩，而且会在较长时间内影响学生的人力资本的形成。由于扩大班级规模所节约的成本会在未来造成更多潜在的社会成本和教育成本。

◇缩小班级规模会给低收入家庭和少数民族家庭的孩子带来更好的结果，而任何扩大班额的做法都相应地会给这些群体家庭的孩子带来更大的损害。

◇政策制定者应该谨慎地权衡班级规模政策的效率同潜在的资金使用之间的利弊。虽然小班额会造成显而易见的成本投入，但是它的投入最终的性价比是更高的。

为什么黛安娜·惠特莫尔·尚岑巴赫的研究与其他研究有如此显著的差异？这很大程度上取决于我们所关注的研究类型。大部分的研究是探讨相关关系，而很少有研究探讨明确的因果关系。

让我们以 PISA 为例。PISA 调查每三年举办一次，因此我们能够自然地获得纵切面数据，如果你想比较各个国家的成绩进展，这些也属于纵向比较，但我们无法比较个人的成绩变化，因为 PISA 通常只从整体上考察 15 岁孩子的表现。通过数据分析我们能够发现平均班级规模是否会影响平均学习水平，但是我们很难推断小学教育阶段的小班化教学会对后期的学习产生什么影响。之所以困难是因为班级规模的变化受到一系列因素的影响。班级规模和学业表现之间的简单相关混杂着很多其他的因素（比如，学习表现落后或有特殊需要的学生常常被自动地分配到更小的班级进行辅导）。如果是这种
173 情况，那么这里的相关关系就是越小班额意味着越差的学业成绩。

在 TED 演讲中，安德烈亚斯·施莱克尔比较了卢森堡和韩国，分析认为韩国倾向于投资教师培训而不是降低班级人数，而卢森堡所做的却恰恰相反，其结果是韩国的 PISA 考试成绩超过这个欧洲小国。阿曼达·里普利（Amanda Ripley）曾经探访过 PISA 考试中所有的高分国家，如果你读过她的书，你就会发现韩国的课堂教学是相当传统的而且并不很理想，很多学生会选择到非常昂贵的课后补习学校继续学习。PISA 的组织机构经济合作与发展组织也承认课后辅导是促成韩国学生在诸如 PISA 这样的国际测验中表现出色的主要因素之一。在 2010 年，韩国有 3/4 的学生都参加了这类课后辅导。

尚岑巴赫还使用了另一类纵向研究，这些研究会对学生的学校、生活甚至职业生涯做更长时间的追踪观察。这类研究的黄金标准是师生成就率研究（STAR），它是 1985 年至 1989 年美国田纳西州教育部开展的一项实验研究，超过 7000 名三年级学生被随机分配到不同班级（Finn，Achilles,1999）。研究中总共有三种不同的分配可能：

◇规模较小的班级（13—17 名学生配备一名教师）。

◇标准规模的班级（22—25 名学生配备一名教师）。

◇标准规模的班级（22—25 名学生配备一名教师）并配有专职的教师助手。

STAR 是一个很有现实意义的研究，因为随机的班额分配规避了我们先前所提到的由于人为因素所造成的分班——有将近 80 所学校参与到这项为期

4 年的研究项目之中。该项目范围涵盖了包括富裕和贫穷区域的市区、市郊和农村学校。

我们来看一下 STAR 这项长期研究的结果，奈（Nye）和其同事们总结道：

> STAR 的实验研究表明，小班额的教学能够让学生在阅读和数学学习中明显地获得更优秀的学业成绩。从持续效益研究所收集的数据分析可知，低年段的小班教学对学生数学、阅读和科学学习所产生的积极成效至少可以一直延续到八年级。研究的初步成效表明，小班教学所产生的效果在所有不同学校都惊人一致，在所有实验类型学校的所有学生中都发现了小班教学所产生的持续性的效果。（Nye，Hedges，Konstantopoulos，1999）

新近也有一些研究同上述的研究有相似的观点。比如，南方地区教育委 174
员会的一份报告就提出小班教学在学校早期教育中是非常重要的，但是在中等教育阶段效果较小。正因为如此，报告指出在考虑到班级规模问题时需要有更灵活的、基于具体目标的问题解决机制。考虑到成本问题，大班额的班级总是必要的，如果需要决定在哪里设置，那么我们倾向于在高年级学生中设置较大的班额，同时满足学生额外的需求。

最后，一项瑞典的研究也指出小班教学还有另一种可能的积极效应。这项研究调查了小班教学的长期影响并指出一直在小班额班级的学生总是能够在后续学习的学术测验中比那些始终都在大班额班级的学生表现更优。接受小班教学的学生升入高一级学校学习的可能性会增加 3%，同样地，在未来的生活中，他 / 她们的薪金收入也可能要比接受大班教学的学生高出 3%。这听起来很棒，但是，类似的研究在挪威和荷兰并没有得出上述结论。

像经济合作与发展组织这类研究机构的研究仍然认为小班额的效果收效甚微。无论如何，有关班级规模的讨论在现在和将来都不会停息。

需要微调 :-|

有些研究认为小班教学不一定更好，但这只是一部分人的观点。有的研究认为教师的质量是比班级规模更重要的因素，然而也有的研究支持小班教学确实能够让学生的学业表现更优秀的观点。

参考资料：

[1] Barber, M., & Mourshed, M. (2007). *How the world' s best-performing school systems come out on top*. McKinsey & Company.

[2] Blatchford, P. (2012). Class size: Is small better? In P. Adey, & J. Dillon (Eds.), *Bad education* (pp. 57–76). Maidenhead, UK: Open University Press.

[3] Blatchford, P., Bassett, P., Goldstein, H., & Martin, C. (2003). Are class size differences related to pupils' educational progress and classroom processes? Findings from the Institute of Education class size study of children aged 5–7 years. *British Educational Research Journal*, *29*(5), 709–730.

[4] Brühwiler, C., & Blatchford, P. (2011). Effects of class size and adaptive teaching competency on classroom processes and academic outcome. *Learning and Instruction*, *21*(1), 95–108.

[5] Dobbelsteen, S., Levin, J., & Oosterbeek, H. (2002). The causal effect of class size on scholastic achievement: Distinguishing the pure class size effect from the effect of changes in class composition. *Oxford Bulletin of Economics and Statistics*, *64*(1), 17–38.

175 [6] Finn, J. D., & Achilles, C. M. (1999). Tennessee' s class size study: Findings, implications, misconceptions. *Educational Evaluation and Policy Analysis*, *21*(2), 97–109.

[7] Finn, J. D., Pannozzo, G. M., & Achilles, C. M. (2003). The "why' s" of class size: Student behavior in small classes. *Review of Educational Research*, *73*,

321–368.

[8] Fredriksson, P., Öckert, B., & Oosterbeek, H. (2013). Long-term effects of class size. *Quarterly Journal of Economics*, *128*(1), 249–285.

[9] Gagne, J. (2012). Smart Class-Size Policies for Lean Times. SREB Policy Brief, Southern Regional Education Board (SREB).

[10] Gates, B. (2011). How teacher development could revolutionize our schools. *Washington Post*.

[11] Gladwell, M. (2013). David en Goliath *[David and Goliath]* Amsterdam: Business Contact.

[12] Guttenplan, D. (2012). Comparing the success of nations in schooling. *The New York Times*, Retrieved from <http://www.nytimes.com/2012/11/12/world/europe/12i-ht-educlede12.html? Partner=rss>.

[13] Hattie, J. (2009). *Visible learning*: *A synthesis of over 800 meta-analyses relating to achievement.* London: Routledge.

[14] Institute for Statistics (2011). *The global demand for primary teachers-2011 update* (UIS/IS/2011/6). Retrieved June 24, 2012, from <http://www. uis.nesco. org/EDUCATION/Documents/IS6-2011-Teachers-EN5.pdf >.

[15] Jones, R. S., & Urasawa, S. (2012). *Promoting social cohesion in Korea.* Paris: OECD Publishing (No.963).

[16] Leuven, E., Oosterbeek, H., & Rønning, M. (2008). Quasi-experimental estimates of the effect of class size on achievement in Norway. *Scandinavian Journal of Economics*, *110*(4), 663–693.

[17] Matus, R. (2001). Duncan: Better teachers trump smaller class sizes. *Tampa Bay Times*, Retrieved April 2, 2014, from <http://www.tampabay.com/blogs/gradebook/content/duncan-better-teachers-trump-smaller-class-sizes>.

[18] Nye, B., Hedges, L. V., & Konstantopoulos, S. (1999). The long-term effects of small classes: A five-year follow-up of the Tennessee class size experiment.

Educational Evaluation and Policy Analysis, *21*(2), 127−142.

[19] Ripley, A. (2013). *The smartest kids in the world: And how they got that way*. New York: Simon and Schuster.

[20] Schanzenbach, D. W. (2014). *Does class size matter*? Boulder, CO: National Education Policy Center.

[21] Schleicher, A. (2012). *Use data to build better schools*. TED talk. Retrieved March, 25, 2013, from <http://www.ted.com/talks/andreas_schleicher_ use_data _to_build_better_schools>.

176

神话 3　学校规模大比小好

考虑到成本和效益问题，政府总是倾向于把学校办得越大越好。这样一来，配套服务就可以集中起来，更多的资源就可以用在刀刃上。但是，我们关注的是问题的另一方面，也就是学校规模对学生学习的影响。很多研究都表明可能确实存在最优学校规模。那么，究竟什么是最优学校规模呢？令人遗憾的是，许多元研究所得出的结论是相互冲突的，由于各种因素的综合作用，也使得这个研究主题很难深入。一个学校规模较小是不是因为它比较排外；而另一个学校规模较大是否就意味着这所学校有着较好的声誉？这其中夹杂了太多因素。不仅如此，如果仔细阅读不同的研究你会发现，不同的作者就什么是“好”的教育持有不同的观点。一些研究者更关注整体的情况，而另一些研究者则只相信数字的结果。

总而言之，考虑到各种不同的因素和观点，我们似乎有理由得出以下观点，即在中等教育阶段每个自主运作的学校组织的规模最好控制在 600—900 个学生之间，而小学阶段学校规模应该尽量避免超过 800 人。关于这点，我们不得不提到一些研究者——以哈蒂（Hattie）为例——他们认为学校规模比班级规模的影响更重要（参见前文班级规模的讨论）。

但是，比提出明确的学校人数更重要的是确认这所学校或自主运作的学校组织的规模是否足够大以支持各个科系正常运作，因为这将对教师的专业化发展产生积极影响。与此同时，一个学校的规模又不能太大，以至于学校的教师和学生都被湮没在学校中而成为无名之辈。一般而言，在学校中失去身份的人们将会彼此失去联系，以至于彼此不知道在做什么，这将极大地降低学校成员的责任感。

在理想的情况下，学生来源越是异质并且社会经济水平越低，就越需要在规模较小的学校中学习，同质的学生群体更适合在规模较大的学校中学习，以应对相应的问题和压力。

大家可能已经注意到我们在文中有意地区分了学校和自主运作的学校组 177
织。这里主要是指在那种规模较大的学校组织框架下的子学校，这些学校组织虽然是更大的学校组织的组成部分，但是能保留充分的自主性，因此可以避免前面提到的失去个体特性与身份的问题。

需要微调 :-|

学校规模确实会对学生的学习产生影响。一个学校必须足够大来支撑教师的专业化发展，但是也要足够小以鼓励学校成员主动承担责任。

参考资料：

[1] Cotton, K. (1996). *School size, school climate and student performance.* Portland, OR: North-West Regional Educational Laboratory.

[2] Hattie, J. (2009). *Visible learning*: *A synthesis of over 800 meta-analyses relating to achievement.* London: Routledge.

[3] Leithwood, K., & Jantzi, D. (2009). A review of empirical evidence about

school size effects: A policy perspective. *Review of Educational Research*, *79*(1), 464–490.

[4] Slate, J. R., & Jones, C. H. (2005). *Effects of school size: A review of the literature with recommendations*. Essays in Education. Retrieved from <www.usca.edu /essays/vol132005/slate.pdf>.

178

神话 4　男女分校比混合教育更高效

因为越来越多的人认为男孩和女孩在生理学方面的发展不同，而且由于男孩在正规学校体系中的日益弱势，使“男女分校是不是解决这些问题的最佳方式”再次成为热点话题。

这正是现实中所发生的，不是吗？男孩总是喜欢跑来跑去，他们吵闹和坐立不安的行为总是影响女孩们的正常学习。但是这是事实吗？在第三章有关大脑神经活动的神话中，我们已经探讨过了男女大脑的差异。那么，这些差异会对学习产生什么影响呢？

2011 年，8 位权威科学家曾在《科学》（*Science*）杂志上就这一问题发表了一篇论文。他们的结论是至今尚没有任何一个可靠的研究能够提供足够的证据证明提供男女分校的教育可以带来增值效应。他们还补充道，在他们看来，利用神经生物学的新发现来支持单性别教育——甚至成为一种潮流——是典型的最糟糕的伪科学案例。他们的观点也证实了艾伦·史密瑟斯（Alan Smithers）和帕梅拉·鲁宾逊（Pamela Robinson）所做的更早的元研究。之后，由美国心理学会发表的一项元研究也支持上述观点，指出单性别教育并不比男女混合教育的学校效果更好。这项研究分析了 184 项研究，覆盖全世界 160 万名学生。其中专门针对美国学校的单独研究也得出了类似的观点。

同样地，研究者还考察了在男女混合教育的学校中为男生和女生分别提供特定学科的分性别教学的情况，研究发现分性别的教学并没有给学生带来显著的好处。

帕尔克（Pahlke）和他的同事们在其元研究中指出，有很多障碍使得我们很难判定孩子们是否能从单性别的教育中获益。那些提供单性别教育的学校与混合性别 / 男女同校的学校往往吸引完全不同的学生群体。在 2014 年的元研究中，帕尔克等人充分地考虑研究设计的质量而将研究分为无对照研究（没有对选择效应的控制，没有随机分配）和对照研究（随机分配或控制选择效应）。研究发现，无对照研究显示单性别教育无论对男孩还是女孩都会 179
有适度的优势，比如在数学的学业表现方面，但是在科学方面就没有任何优势；而对照研究则只发现微小的差别。研究者们还指出，有关低收入家庭孩子和少数民族孩子的单性别教育的研究非常匮乏，尤其是在美国。

在这方面肯尼思·罗（Kenneth Rowe）曾做过一个较好的研究。他的研究考察了来自同一所学校的男生和女生，将学生随机分到单性别的数学班级和混合性别的数学班级中。无论是男生还是女生，研究并没有发现任何认知上的差异。那些更好的学生似乎更受益于混合班级，与性别无关。男生们也更倾向于在男女混合的班级中学习。

弗赖尔（Fryer）和莱维特（Levitt）最近的研究则试图超越班级层面的探讨，比较不同国家男孩和女孩的分班或混合教育结果的差异。他们得出的结论认为接受混合性别的教育能够使女孩最大限度地缩小其在数学学习上与男孩的差异。

最后，我们还想提出一些自己的细微想法。在就单性别教育还是混合教育这一议题同发展心理学家进行讨论的过程中，我们注意到他们总是相信有正当的理由来为单性别教学辩护。然而这是我们要在其他地方讨论的问题，此处我们所讨论的教育神话是有关单性别教学对学习的影响！

男孩是否在教育系统中日益弱势?

佩格·泰尔（Peg Tyre）在2008年出版的著作中向我们呈现了一些令人震惊的统计数据。作者指出，在2008年美国大学录取的所有学生中，男生所占比例不到43%，而且男女生录取比例的差距正在日益扩大。还有很多其他的著作也同样指出教育中男生弱势的问题。2010年的PISA报告也证实了这似乎是许多国家面临的一般趋势。

然而，这是否真意味着所有的男孩都遇到了麻烦？并不见得如此。正如萨拉·米德（Sara Mead）指出的，首先，这并不是一件坏事，这起码说明女孩正表现得越来越好。

如果我们看一下最近的PISA考试结果，经济合作与发展组织是这样描述这些评价不一的结果的：

◇所有国家和经济体中女孩的阅读水平要超出男孩相当于一年的学校学习水平。

◇在大多数的国家和经济体中，女孩的数学表现低于男孩；并且在表现最优的学生中，男孩优于女孩的比例更大。

180

◇数学学习表现中的性别差异映射了学生在学习驱动力、动机和自我信念方面的性别差异。

◇无论男孩还是女孩，只要他们能够坚持不懈，有学习的动力，并且相信自己学习数学的能力，那么他们往往都同样受益。其结果是，如果学生缺少学习的动力或是缺少对自身能力的信心，那么无论是男孩还是女孩，他们的学业表现都会受到同等程度的损害。

这些结果非常明确地说明了仍然有很多男生的学业表现是很优秀的，而女生仍需要继续努力来达到那些表现最优学生的水平。

丹尼尔·瓦耶（Daniel Voyer）和苏珊·瓦耶（Susan Voyer）则在其

横跨 97 年（1914—2011）的元分析中提出了更为深刻的观点。这项研究从 30 个国家的 369 个样本中得到了 502 个效果量，来自小学和中学的 538710 名男生和 595332 名女生参加了数学、语言、科学和社会科学的测试。值得一提的是，他们的研究考察的是学生在学校的学业成绩（学校成绩）而不是学生参加标准测验的成绩。他们指出学生在校的学业成绩“反映了学生在更大的社会情境中的学习情况。学业成绩需要学生在相当长的时间内做出努力和坚持，而在标准测验中的表现则是评估学生在某一个特定时刻不受社会影响的基础的或特定的学术能力”。

研究发现了一个很小却显著的女性优势，值得关注的是女性在语言课程上的优势最大而在数学课程中的优势最小。除此以外，研究结果“表明女性优势的大小不受成绩发布年限的影响，因此反驳了学业成绩表现中新近出现的‘男孩危机’的说法”。他们还指出，“研究表明女生的学习总是旨在理解学习材料（也就是，女生更关注在校的学业成绩），而男生的学习则强调表现（更强调标准化测验的表现），是对最终成绩的关注……掌握学科内容通常会比强调表现取得更好的成绩，这在一定程度上也解释了男生在考试中分数低于女生的原因”。

丹尼尔和苏珊总结道，女生在整个义务教育阶段表现优于男生的事实似乎是一个“全球皆知但大家却置若罔闻的秘密”。所谓的现代的“男孩危机”也不过就是这个问题。

那么，我们要如何做才能改善这种状况从而为男孩提供他们所需要的更好的教育呢？ PISA 测验的研究已经给我们提供了线索。很多其他的研究也就这一议题做出了诸多贡献，但是一个荷兰的报告则建议我们最好的选择是集中精力为所有的孩子——无论男孩还是女孩——提供好的教育，而不是把更多的精力放在性别差异上。该研究的研究者们考察了那些男生表现相对好的学校（学术性的和职业性的）中男生的积极表现是否来源于特定的教养或教学模式。这些被考察的学校更倾向于找到实用的能增进学生学习的方法，而并不过多地关注或强调性别差异。这些学校的教育哲学中反复强调的主题是：学习结构、规则和清晰度的重要性，营造安全的学习氛围，为每个学生提供充足的个体关注，以及对学生好的引导和关爱。

资料来源：

[1] Heemskerk, I., van Eck, E., Kuiper, E., & Volman, M. (2012). *Succesvolle onderwijsaanpak ken voor jongens in het voortgezet onderwijs*. Amsterdam: Kohnstamm Instituut (Rapport 878, Project No. 40534).

[2] Mead, S. (2006). *The truth about boys and girls.* Washington, DC: Education Sector.

[3] OECD (2014). Are boys and girls equally prepared for life? *PISA in Focus*, Retrieved April 26, 2014, from <http://www.oecd.org/pisa/pisaproducts/PIF-2014-gender-international-version.pdf>.

[4] Tyre, P. (2008). *The trouble with boys: A surprising report card on our sons, their problems at school, and what parents and educators must do.* New York: Random House.

[5] Voyer, D., & Voyer, S. D. (2014). Gender differences in scholastic achievement: A meta- analysis. *Psychological Bulletin, 140*(4), 1174−1204.

神话 :-\

男生和女生究竟是应该在混合班级中学习还是要将男女生分开教学？有关这一问题的讨论看起来仍将继续下去，但是就目前来看，同时考虑到对学习的影响，并没有多少人支持将男女生分开教学。

参考资料：

[1] Fryer, R. G., & Levitt, S. D. (2010). An empirical analysis of the gender gap in mathematics. *American Economic Journal: Applied Economics*, *2*(2), 210−240.

[2] Halpern, D. F., Eliot, L., Bigler, R. S., Fabes, R. A., Hanish, L. D., Hyde, J., et al. (2011). The pseudoscience of single-sex schooling. *Science*, *333*(6050), 1706–1707.

[3] Marsh, H. W., & Rowe, K. J. (1996). The effects of single-sex and mixed-sex mathematics classes within a coeducational school: A reanalysis and comment. *Australian Journal of Education*, *40*(2), 147–162.

[4] Pahlke, E., Hyde, J. S., & Allison, C. M. (2014). The effects of single-sex compared with coeducational schooling on students' performance and attitudes: A meta-analysis. *Psychological Bulletin*, *140*(4), 1042–1072.

[5] Smithers, A., & Robinson, P. (2006). *The paradox of single-sex and co-educational schooling*. Buckingham: Carmichael Press.

神话 5 男教师教男学生好处多 182

根据世界银行的统计，2011 年美国基础教育阶段女性教师的比例占全体教师的 86.71%，在中等教育中女性教师所占比例为 61.15%。同样地，看一看欧洲 2013 年的统计数据，相关数据也没有什么太大差异。根据欧洲委员会对所有欧洲国家的调查报告，女性教师占据了基础教育阶段教师的大多数。从事初中阶段教学的教师，从统计数据上来看也基本上是女性居多，几乎有一半的欧洲国家初中阶段女性教师的比例在 70% 或以上。然而，在高中教育阶段女性教师的比例则显著下降。世界上其他地区并不见得如此。一份联合国教科文组织 2010 年的报告描述了 1990 年至 2010 年间全球中等教育阶段女性教师比例从 48% 上升到 52% 的情况。除撒哈拉以南非洲国家的女性教师比例小有回落到 30% 外，女性教师比例的增长在世界各个地区都普遍存在（Fiske，2012）。

男孩出现教育问题不代表女孩教育可高枕无忧

联合国教科文组织的《性别平等教育世界地图集》（*World atlas of gender equality in education*）提醒我们，虽然世界各国女孩教育取得了重要的进展，但是我们的目标仍未达成：

世界上 2/3 的国家已经在初等教育阶段实现了性别平等，但是在很多国家中等教育阶段的性别平等仍受到诸多挑战，尤其是撒哈拉以南非洲国家以及南亚和西亚国家。那些成功进入中等教育的女孩相对于男孩而言更愿意留在学校继续学习。结果是，女性进入高等教育学习的比例显著上升，尤其是在高收入国家，女性大学生的数量甚至超过男性。然而，这些教育方面的进步并不一定意味着女性在就业或收入方面获得了更好的机会。

联合国教科文组织的一个重要的措施就是招收更多女性进入教师行业。

资料来源：

Fiske EB. *Atlas mundial de la igualdad de género en la educación/World atlas of gender equality in education.* Paris: UNESCO; 2012.

我们确实已经看到当前教育系统中面临的男孩教育问题。很多人很快地
183 就把这个问题同女性教师的比例联系起来。但实际上，事情并不像我们想象的那么简单。对教育女性化的担忧并不是什么新闻。格林·蒂默曼（Greetje Timmerman）和明尼克·范埃森（Mineke van Essen）提出相关的讨论早在 150 年前就曾经风靡一时。虽然不同学者对教职女性化究竟是如何发生的以及为何会发生各执一词，但是大部分的学者都认可，在美国，教师职业在 19 世纪末就已经高度地女性化了。

此外，随着人们研究单性别课堂教学的价值，也开始有人研究教师性别对学生学习的影响，当然，这些研究并不是一帆风顺的。但不管怎样，那些为数不多的已完成了的研究结果都是一致的。2002年一份由布鲁塞尔自由大学（VUB）呈给弗拉芒政府的报告中就做出了如下总结：

我们探讨了学校的性别环境对学生认知表现所产生的影响，研究使用巴雷特冲动量表（BIS，Barrett Impulsiveness Scale），来测量学生在数学学习方面的行为、学业表现以及学生的学习态度。就学生的认知表现而言，无论是教师的性别还是学校管理层的性别都没有产生显著的影响。（Siongers，2002）

同样显而易见，占优势的女性教师群体并没有对男孩的认知表现产生消极的影响。与之类似，男孩在数学方面的学业表现也没有受到教师性别的影响。这一结论也适用于女孩：女孩也没有因为其数学授课教师的性别是女性而在成绩上表现得更好或者对数学学科的学习态度有所提高。

那么，究竟教师性别是否会对学生产生影响呢？研究者确实指出，有证据表明那些在小学阶段主要接受女教师授课的男生会更少地使用传统眼光来看待性别角色，并且在学校的幸福感会更强，但是这些差异并不是认知方面的。与此同时，这样的男生并没有很强的职业道德，对未来更悲观而且自尊心较弱。

即便如此，大部分研究报告的意见是一致的——主要来自美国，因为美国出现此现象比其他地区更早，相关证据也更多——即这种“女性危险”对学校男生的学习表现影响甚微或几乎没有。蒂默曼和范埃森总结道：“目前为止所开展的这类研究都清楚地表明几乎没有什么实证证据可以支持女性教师会对男孩的教育表现产生负面影响这一论点。”

男孩和注意力缺陷多动症（ADHD）

长久以来大众都怀疑医学界对注意力缺陷多动症（ADHD）这种疾病诊断过度，而波鸿鲁尔大学（Ruhr Universität Bochum）和巴塞尔大学（University of Basel）的研究（Bruchmüller，Margraf，Schneider，2012）似乎也证明了这一点。单在德国，1989 年至 2001 年间注意力缺陷多动症的病例就增加了 381%。当然这并不意味着这种趋势就是不好的——也许是过去这种疾病太少被诊断出来——但是这种过度诊断还引发了一系列其他问题，而且男孩又一次成为受害者。

研究表明医生或是精神病学家在对儿童或青少年进行诊断时，更多地基于试探或含混不清的经验原则，而不是依据公认的诊断标准。其结果是，产生了很多错误的诊断，尤其是在男孩的病理诊断中。另一个惊人的事实是，人们可能并没有预料到，男性医生比女性医生更倾向于做出注意力缺陷多动症的诊断。

研究结果是在对德国上千名医生和精神病学家进行询问的基础之上得出的，最终有 473 名医生和精神病学家参与了这项研究。所有的调查对象都要对研究选出的四个病例中的一个进行诊断。这些病例中只有一个包含典型的注意力缺陷多动症的特征，其他三个都没有。而且每一个案例都有两个版本：一个男孩的版本和一个女孩的版本。一个更令人吃惊的发现是当所提供的个案冠以莱奥（Leo，男孩名）的名字，与同样的个案而冠以莱亚（Lea，女孩名）的名字相比，会被更频繁地诊断为注意力缺陷多动症。

研究者还指出，虽然“关于注意力缺陷多动症的诊断”是一个热门话题，但是就此所开展的实证研究却少得惊人。为了进一步澄清，研究者还指出：这并不意味着注意力缺陷多动症是不存在的。但是，确实说明诊断方面是存在问题的。

资料来源：

Bruchmüller, K., Margraf, J., & Schneider, S. (2012). Is ADHD diagnosed in accord with diagnostic criteria? Overdiagnosis and influence of client gender on diagnosis. *Journal of Consulting and Clinical Psychology*. *80*(1): 128–138.

神话 :-\

并没有什么证据表明男教师或女教师教学会对男生的学业表现有影响。

参考资料：

[1] Boyle, E. (2004). The feminization of teaching in America. *Program in women' s, studies*, *17*(12), 09.

[2] Fiske, E. B. (2012). *Atlas mundial de la igualdad de género en la educación/* 185
World atlas of gender equality in education. Paris: UNESCO.

[3] Gamazo, A. (2012). EURYDICE (2013): Key data on teachers and school leaders in Europe. 2013 edition Eurydice report (Luxembourg Publications Office of the European Union). *Revista española de educación comparada*, *22*, 235–236.

[4] Marsh, H. W., Martin, A. J., & Cheng, J. S. (2008). A multilevel perspective on gender in classroom motivation and climate: Potential benefits of male teachers for boys? *Journal of Educational Psychology*, *100*(1), 78–95.

[5] Neugebauer, M., Helbig, M., & Landmann, A. (2011). Unmasking the myth of the same-sex teacher advantage. *European Sociological Review*, *27*(5), 669–689.

[6] Siongers, J. (2002). De gevolgen van de feminisering van het leerkrachtenberoep in het secundair onderwijs: Een empirische analyse *[The effects of the*

feminization of the teacher profession in secondary education: An empirical analysis]. Brussels: Onderzoeksgroep TOR, Vakgroep Sociologie, VUB.

[7] Timmerman, G., & van Essen, M. (2004). De mythe van het "vrouwengevaar". *Pedagogiek*, *24*(1), 57–71.

[8] World Bank (2014). Primary education, teachers (% female). Retrieved April 10, 2014, from <http://data.worldbank.org/indicator/SE.PRM.TCHR.FE.ZS>.

[9] World Bank (2014). Secondary education, teachers (% female). Retrieved April 10, 2014, from <http://data.worldbank.org/indicator/SE.SEC.TCHR.FE.ZS>.

神话 6　留级能对学习产生积极效果

那些落后的学生——也称为留级生——由于在学年末学业表现不佳无法升学而重读一年，常常是引发激烈讨论的议题。这一现象有很多热切的支持者，也有同样热切的反对者。话虽如此，针对这一问题而进行的科学研究已经非常清楚：在学校重读一年通常对学生并没有什么帮助。哈蒂（Hattie）曾总结说，在很多情况下重读一年甚至会对学生学习产生消极影响，导致频繁地更换学校和在班级中捣乱，而这很有可能导致再次留级。

确实如此，很多研究都表明如果被迫留级，学生的学习成绩反而会下降而不是提高。假设你学一样东西，你第一次学的时候没有理解，那么凭什么假定你学第二次就能理解了呢？早在 1989 年霍姆斯（C. T. Holmes）就曾指出，很难想象教育中还有其他任何东西对学习的破坏性影响会比留级更甚（在美国众所周知）。艾伦（Allen）及其同事的元研究也证明了留级会对学生的学业成绩产生消极影响。研究者还特别指出，如果我们考虑研究的质量，低质量的研究会显示出消极效应，而中等质量到高质量的研究则会显示 0.04 的效果量，也就是说，其实并没有显著的效果量。

那么为什么让学生留级这种想法还如此流行呢？教师们发现当留级学生被要求重新学习他们以前学习过的材料时，学生会有初步的进步迹象，这是因为他们能够高效地重新处理先前学习过的材料。但是一旦让这些学生学习新的材料，先前所表现出来的进步就消失了。

以上发现已经由鲁汶天主教大学在佛兰德斯所进行的研究证实。该研究的考察对象是在中学第一年——七年级（美国学制）留级的学生。研究者指出留级对于学生的长远发展而言几乎没有任何积极的效应。相反，如果将留级学生同学业水平相似但没有留级的学生相比较，无论从短期的还是长期的 187
表现来看，未留级组学生的数学和技术阅读都比留级组的学生表现更优。

需要指出的是，无论如何，这都不意味着那些没能达到特定要求的孩子都应该自动地升入高一年级。美国学校心理学家协会（NASP）曾在 1998 年声明道，“无论是留级还是自动升级都是失败的实践”。自动升级指的是学生在没有达到所在年级学业水准的情况下照样可以进入下一年级学习。NASP 呼吁采取早期干预和跟进措施来取代简单的留级或自动升级。给孩子提供恰当而具体的指引对他们的发展而言是至关重要的。

虽然这常常是一个禁忌话题，但是那些表现优异的学生跳级（跳过一年）—— 一般在小学阶段——确实会产生积极的学习效应。所谓跳级就是允许学生在合适的条件下，在某些科目或全部科目上提前进入高一年级学习。通常有研究认为这种加速学习进程的做法会导致学生的情感问题。哈蒂（Hattie）则巧妙地回应了这个问题，她反问道，相比于跳级可能带来的情感问题风险，让孩子在学校中感到无聊或缺少挑战性所带来的问题，哪个更严重？

同样地，当我们告诉一个孩子他失败了，而且他无法跟得上与他同龄的其他孩子时，所产生的情感问题又会怎样呢？

伯利纳（Berliner）和格拉斯（Glass）在他们 2014 年的著作中指出，尽管留级可能对一些学生是有用的，但这并不意味着留级对大部分学生是有好处的。可悲的是，我们不知道如何识别留级对哪些学生有用，更不知道在什么条件下留级能对他们产生作用。更可悲的是，留级对男孩的伤害比对女孩更甚，对贫穷家庭孩子的伤害比对中等收入阶层家庭的孩子更甚。

神话 :-\

留级最开始看起来是有效的，但是对大多数学生而言，通常很快就会产生消极效应。这种做法应该只适用于特定的个案。

参考资料：

[1] Allen, C. S., Chen, Q., Willson, V. L., & Hughes, J. N. (2009). Quality of research design moderates effects of grade retention on achievement: A meta-analytic, multilevel analysis. *Educational Evaluation and Policy Analysis*, *31*(4), 480–499.

[2] Berliner, D. C., & Glass, G. V., (Eds.), (2014). *50 myths and lies that threaten America' s public schools*: *The real crisis in education*. New York: Teachers College Press.

188 [3] Goos, M., Van Damme, J., Onghena, P., & Petry, K. (2011). *First-grade retention*: *Effects on children' s academic and psychosocial growth throughout primary education* (SSL-rapport nr. SSL/OD1/2011.33). Leuven: Steunpunt "Studieen Schoolloopbanen" (SSL).

[4] Holmes, C. T. (1989). Grade level retention effects: A meta-analysis of research studies. In L. A. Shepard, & M. L. Smith (Eds.), *Flunking grades: Research and policies on retention* (pp. 16–33). London: Falmer Press.

[5] Jimerson, S. R. (2001). Meta-analysis of grade retention research: Implications for practice in the 21st century. *School Psychology Review*, *30*, 420–437.

[6] National Association of School Psychologists (1998). *Position statement:*

Student retention and social promotion. Silver Spring, MD: Author.

[7] National Association of School Psychologists (2011). Grade retention and social promotion (*Position Statement*) Bethesda, MD: Author.

[8] Picklo, D. M., & Christenson, S. L. (2005). Alternatives to retention and social promotion. The availability of instructional options. *Remedial and Special Education*, *26*, 258−268.

[9] Steenbergen-Hu, S., & Moon, S. M. (2011). The effects of acceleration on high-ability learners: A meta-analysis. *Gifted Child Quarterly*, *55*(1), 39−53.

神话 7　更多投入意味着更好的教育

189

烹饪是很费钱的一件事。但是如果你有了更多的钱，是否意味着烹饪技巧也更好呢？答案既是又非。有了钱，你当然可以买更贵的原料，但是这并不能保证你能做出美味佳肴。有了钱，你也可以买更好的厨房用具和装备，但是同样这也无法保证你做出的菜肴更美味。空谈不如实干，菜肴的质量几乎完全取决于厨师的水平。教育也是如此。国际学生评估项目（PISA）数据的分析表明能够在该测试中取得成功的国家并不是那些在教育中投入最高的国家。2014 年的报告显示一个国家的教育投入同可测量的学术成果之间并没有根本的关联。但是也别忘了我们前面对比较教育研究的评论，这个结果可能也与不同国家的不同需求相关。

经济合作与发展组织在 PISA 考试数据的基础上分析得出，更多的国家财富或更高的教育支出都不能保证更好的学业成绩。在高收入的经济体中，教育资源如何使用比教育投入的总量更重要。荷兰社会和文化规划局的报告显示荷兰的教育经费支出大幅上升，但是这不等于荷兰学生所取得的学习回报也随之提升。贝内迪克特·克莱门茨（Benedict Clements）指出，与经济合作与发展组织所观察到的“最佳实践”相比，欧盟国家教育支出中有 25% 的经费是被浪费掉的。

当然，我们有必要知道这里的“学习回报”是什么？指的是学生的认知结果还是学生的幸福感？根据具体的情况，答案可以是两者择其一或者两者都是。“更多投入意味着更好的教育”绝没有明确的相关性，这一点仍需要在宏观层面，即教育政策层面上做进一步的研究。这句话听起来是显而易见的，但重要的是我们需要确信那是正确的和最好的投资。在教育上花更多的钱而且更明智地使用这些钱，将会给教育带来重大的积极影响（比如，我们把更多的资金投入用在学校中资源最匮乏的学生身上）。

如果我们回顾一下已经讨论过的教育神话，其实相对昂贵的留级就可以
190 看作是一种不算好的投资。同样地，我们也不清楚那些巨型学校——通常有着庞大的中层管理结构——是不是划算的选择。而另一方面，小班教学则看起来是一个不错的投资，因为一项瑞典的研究就指出，从长远来看，减小班级规模是一个划算的选择，因为受到更好教育的学生赚得更多也缴纳更多的税。当然，这个前提是我们能够为小班教学找到足够多的好教师，同时要说服那些政治家耐心等待 20 年才去评估他们的政策收益。

需要微调 :-|

更多的钱可以实现更好的教育，但是这并不是指钱的数量，而是你如何使用这些钱！仅仅是钱本身并不能买来好的教育体系。最根本的是要心怀信念——并且践行你的信念——所有学生都可以在学校中获得成功。

参考资料：

[1] Berliner, D. C., & Glass, G. V. (Eds.), (2014). *50 myths and lies that threaten America's public schools: The real crisis in education*. New York: Teachers

College Press.

[2] Clements, B. (2002). How efficient is education spending in Europe? *European Review of Economics and Finance*, *1*(1), 3−26.

[3] Coulson, A. J. (2014). State education trends, academic performance and spending over the past 40 years. *Policy Analysis,* No.746.

[4] Darling-Hammond L. (2010). *The flat world and education: How America' s commitment to equity will determine our future.* New York: Teachers College Press.

[5] Fredriksson, P., Öckert, B., & Oosterbeek, H. (2013). Long-term effects of class size. *Quarterly Journal of Economics*, *128*(1), 249−285.

[6] Gupta, S., Verhoeven M., & Tiongson, E. (1999). Does higher government spending buy better results in education and health care? *International Monetary Fund,* Retrieved from <http://www.imf.org/external/pubs/ft/wp/1999/wp9921.pdf>.

[7] Kuhry, B., & De Kam, F. (2012, January). Waar voor ons belastinggeld? [Value for our taxes?] Sociaal en Cultureel Planbureau. Retrieved July 8, 2012, from <http://www.scp.nl/dsresource? objectid=29580&type=org>.

[8] Organisation for Economic Co-operation and Development. (2012). Does money buy strong performance in PISA? Retrieved January 13, 2011, from <http://www. oecd.org/pisa/pisaproducts/pisainfocus/49685503.pdf>.

[9] Psacharopoulos. G., & Patrinos, H. A. (2004). Returns to investment in education: A further update. *Education Economics*, *12*(2),111−134.

神话 8　教育永不改变

如今我们不再用马车作为交通工具了，我们的汽车已经是混合动力的，在不久的将来可能会用氢气或者全电动发动机作为动力。我们也从信鸽的使用发展到电报、电话和各种数字网络的应用。但是学校呢？学校看起来还和几十年前差不多。这种观点是不是听起来很熟悉？但是确实如此吗？

从某个角度来看似乎确实如此，至少如图 12 所示，拉里·库班（Larry Cuban）研究描述了几十年的教育。他认为教育的延续性更胜于变革性。在宏观层面——也就是在区域和国家教育政策层面——常常会有新的和革新性的想法。这些想法又会被过滤到中观层面（比如，学校董事会、教育委员会等），主要指那些将新理论应用到实践中的群体，但是在微观层面——课堂里——变化是非常缓慢的。这种迟缓的变化水平常常被称为教育的惰性。

<table>
<tr><td>宏观</td><td></td><td></td><td></td><td></td><td></td><td></td><td></td><td></td><td></td><td></td><td></td><td></td></tr>
<tr><td>中观</td><td colspan="3"></td><td colspan="3"></td><td colspan="3"></td><td colspan="3"></td></tr>
<tr><td>微观</td><td colspan="12"></td></tr>
</table>

图 12　教育的几十年

由 Pedro De Bruyckere 编制，据 Cuban, L.(1993). *How teachers taught: Constancy and change in American classrooms*, 1890–1990. New York: Teachers College Press.

图 12 还说明了要在教育领域推进改革是多么困难的事情，以及要当一个校长是多么不容易。

当然，在我们惹恼大家之前，也要承认，确实有很多负责任的教师都在不断努力向前，并且热衷于在课堂中启动真正的变革。然而我们所谈论的是在相当长一段时间内的全局性的问题。如果从这样的语境来看，事情并没有都那么快地在发生改变。我们并不试图对这件事情的好坏做出判断，而只是对事实做出中立的观察。

因此，大家也不要将其看作是一种悲观的论调，它不过是陈述了一个有着历史渊源的教育学观点。就其本身而言，这种观点确实容易造成误解，暗示了教育中的事情几乎很少改变。在某种程度上，虽然事情跟我们想象的并不一样，但事实确实如此。德帕普（Depaepe）、西蒙（Simon）和范戈普（van Gorp）指出这恰恰导致了教育革新中的悖论：“许多教育革新并不能改变学校，相反地，学校会根据自己的需求改变革新的样貌以适应自身的需求。它将改革转化为学校自身的话语逻辑以及维护课堂和学校持续的正式规则。” 192

换句话说，很多的教育革新都会经过教育系统的过滤，从而使改革能够适应现有的实践和人们习以为常的程序。

这样说来，教育永不改变是不是一个神话呢？这取决于你怎么看这个问题。教育的变革并不是那种根本性的变革。至今为止，我们所知教育领域仅有两次真正意义上的变革。第一次是活版印刷术的发明 [1440 年至 1450 年间，谷登堡（Gutenberg）]。这项发明使得书籍印刷变得更加便宜而不是只有讲师才能负担得起。因此，教学不再只是依靠教师的演讲或者师生之间的对话了（柏拉图）。学生和学习者都可以获得书籍。第二次真正的变革是黑板的使用（欧洲 18 世纪上半叶和美国 1801 年；第一次教育变革后的 300—350 年），使得教师能够将自己的教学内容书写下来，向更多的学习者呈现（如笔记、范例等）。现在我们使用的幻灯片演示文档以及其他学习管理系统都是在这一基础上的拓展。

但是，库班图给我们呈现的微观领域的教育并不是一个恒定不变的常数，而是一个不断变化的过程。体验式教育的见解、对视频的使用、新的评价方式以及小组合作等，都已经在我们的课堂中以不同的方式被运用，虽然它们看起来很老式，但是并不像我们想象的那么普遍。我们很难用定量的方法去测量这一理论，但是它是建立在对课堂实践的人种志研究的基础上的。如果这向我们说明了什么的话，那就是自上而下的强加式的教育改革是非常困难的。

需要微调 :-|

教育在不断改变，只不过很慢！

参考资料：

[1] Brown, M. (2012). Traditional versus progressive education. In P. Adey, & J. Dillon (Eds.), *Bad education* (pp. 95−110). Maidenhead, UK: Open University Press.

[2] Cuban, L. (1993). *How teachers taught: Constancy and change in American classrooms.* New York: Teachers College Press, 1890−1990.

[3] Depaepe, M., Simon, F., & van Gorp, A. (2005). Paradoxen van pedagogisering: Handboek pedagogische historiografie *[Paradoxes of pedagogies: Handbook of pedagogical historiography]*. Leuven: Acco.

[4] Masschelein, J., & Simons, M. (2012). *Apologie van de school.* Een publieke zaak *[A school' s apology: A public issue]*. Leuven: Acco.

[5] Tyack, D., & Tobin, W. (1994). The "grammar" of schooling: Why has it been so hard to change? *American Educational Research Journal, 31*(3), 453.

第六章

神话还会有，牛皮总要破

简目

为什么神话总是挥之不去？

我们已经讨论了所有这些神话，并展示了大量的经验证据给大家看，问题是，这些神话为何总是挥之不去？

这些神话以及其他神话挥之不去的原因之一就是它们在文化和社会中的一般功能。20 世纪著名的人类学家布罗尼斯瓦夫·卡斯珀·马利诺夫斯基（Bronisław Kasper Malinowski）有如下的陈述："……在原始文化中，神话起到了一种不可或缺的作用。它表达、提升和转化信念；它维护和强化道德——保证了仪式的效果，并包含了指导人的实践规则。因此神话是人类文明的一个重要组成部分……"

此外，神话（都市传说、民间智慧和类似的东西）经久不衰也同信息获取便利有关。撰写《文艺复兴时期的作证人》（*Renaissance earwitnesses*）的基思·博特略（Keith Botelho）曾提到历史和故事（历史和故事 / 传闻）之间的联系，他认为因为活字印刷术的引入，对社会事件的不同解释可以被快速印刷出来并广泛分发。他判断，印刷文化的兴起，伴随着文艺复兴时期英国识字人口的增加，大大提高了听信谣言和流言的可能性，并总结为"也许这种仿造的观点——一个历史性和戏剧性的巴别塔[1]——将成为比任何一种特定的表达都更加准确的关于真相的陈述”。在书的序言中，“在真理昏睡的时代里倾听”，他将这个比作我们 196
现在所处的社会，充斥着即时和普遍的信息，“这些信息时刻冲击着我们的眼睛和耳朵，这些信息‘更多地向娱乐看齐而不是新闻’，它们的成功取决于听众难以用耳朵和眼睛区分内容”。因为社交媒体促进了一个大范围紧密联系的具有相同思想的人群网络，这些谣言大范围地在特定的人群中传播，因此这些谣言在真理面前也可以不断地重复和加强。

这也构成了法尔哈德·曼约奥（Farhad Manjoo）在《足够真实：学会在后事实社会中生活》（*True enough: Learning to live in a post-fact society*）中所写的。不仅仅是那些自封的专家在发布其想要发布的信息，这种“专家还来自四面八方，在各种媒体，通过各个位置……我们专门去咨询这些专家了解自己所不了解的事物。这种交易存在内在性欺骗，因为无知让我们处于不利的位置。我们如何知道这些控制公众话语权利的‘专家’是真正的专家呢？”根据曼约奥的说法，“真正的危险不是生活在一个因为 Photoshop[2]而使假照片横行的时代，而是真的照片被认为是假的照片”。换句话说，当每一个照片、每一个账户、每一个专家……都是可怀疑的，之后所有的照片、账户、专家……都会被清除，他们“唯一的批判权利也会被拒绝”。

那么下面的基于研究的理由呢？

◇证伪加强神话。诺伯特·施瓦茨（Norbert Schwarz）（美国南加州大学教务长、教授）和其他心理学家反复表明对广泛持有的错误观点的否定和澄清反而会促成这些言论的恢复。这意味着当我们试图驳斥和拒绝一个谬见，反而会使其更受欢迎。

◇重复加强神话。金伯利·韦弗（Kimberlee Weaver）（美国弗吉尼亚

①《圣经·旧约》故事里，人类计划建造一座可以通往天堂的高塔，即巴别塔。上帝知晓后很震惊，于是让人类语言不通，无法交流，最终修塔计划失败。——译者注

②这是一款知名修图软件。——译者注

理工大学研究员）在研究如何使“重复的声音听起来如合唱般整齐”时，发现了当我们重复地听到相同的信息，自己竟会相信这就是真相。为什么呢？因为正如我们在“教学法 101”课程中学到的，重复使大脑更有效地记忆（一个适用于演讲者和教师的格言：我要告诉你我将展示什么，我进行了展示，然后再告诉你我刚才展示了什么）。不幸的是，带着对神话和都市传说的敬
197 仰，人类大脑被欺骗而相信记忆中的就是事实。当重复听到某些信息，大脑就会接受这些重复信息的欺骗，认为自己听到了许多来源不同的信息（例如，重复的单一声音会成为合唱的声音）。

◇*我们是错误记忆和选择记忆的受害者。*正如我们在讨论关于我们的记忆的神话时所看到的那样，我们的记忆正是我们所经历的，我们的记忆很容易被曲解和改变，尤其是如果我们在首次经历某事之后收到其他甚至是具有误导性的信息。此外，当我们得到关于一个神话的事实时（见上文），我们倾向于创造错误的记忆，并相信这些神话实际上就是事实。

◇*文化因素增强神话。*一个文化团体分享相似的信仰、价值、习俗和常规，这些反过来会加深影响这个团体。如果我们都以某种方式做某件事，那么我们通常会把这种方式当作达成这件事的方法而不会去质疑，因为“这件事就是这么做的”。按照博·本内特（Bo Bennett）的建议，他通过一个运动收集逻辑的谬误（查阅他的网站——逻辑的谬误：http://www.logicallyfallacious.com/），“将假设或命题的受欢迎度作为真实性的证据……谬论很难被发现，因为我们的‘常识’告诉我们，如果一个东西是受欢迎的，那么它一定是好的、真实的或有效的”。

道德恐慌与教育神话

在对“数字原住民”的文献评论中，本内特、梅顿和科尔文写道，我们正在经历一种学术形式的道德恐慌。根据科恩（Cohen）的说法，道德恐慌

发生在“当条件、事件、个人或群体出现时被定义为是对社会价值和利益的威胁时”。例如，这种道德恐慌的例子一方面在历史上是无害的，比如“摩登派和摇滚派的冲突”（科恩在 1973 年创造了这个词，他调查了 20 世纪 60 年代在布莱顿和英国其他海滨城市暴乱的新闻报道）或者据说助长了撒旦崇拜、巫术、自杀、色情和谋杀的地狱和龙的恐慌。另一方面一些道德恐慌在历史上具有重要的影响力，如在 20 世纪 50 年代早期毁了无数生命的“麦卡锡主义”和“红色恐慌”。还有阿道夫·希特勒（Adolf Hitler）的道德恐慌：所谓的如果“我们不采取措施保持血液的纯度”，那么“犹太人就会毒害我们所有人，从而毁灭文明”。

本内特等人描述了为什么这样的传言如此容易流行，以及为什么它们如 198
此持续长久而难以根除。其本质是：

> 争论通常采用戏剧性语言，宣称深入地变革世界，引发完全的代际差异……诸如此类的观点加上常识和可辨别的逸事，被说成是紧急状况，亟须紧急和根本性的变革……“学术道德恐慌”的另一个特点是其一系列具有强烈分界线的结构：在新一代和老一代之间，技术娴熟的人和不熟练的人之间，学习者和教师之间……因此道德恐慌的语言和评论员建立的分水岭是为了结束争论，这也使得未被证实的言论激增。

在持续的道德恐慌中，麦克罗比（McRobbie）和桑顿（Thornton）总结道：（1）恐慌的对象（这里说的是教育问题）得到了很多免费的宣传，因为假设和宣扬的负面联系似乎使恐慌更具新闻价值。（2）不是与大众疏远，实际上而是起到了相反的作用，它吸引了传播或者支持神话的人——那些把自己当作替代者或者前锋的人。安德鲁·诺伊莫（Andrew Noymer）研究都市传说的传播和持续性（他的论文在 2002 年获得了美国社会学协会数学社会学分会的最佳论文奖），强调他所说的都市传说的非线性模型，在文中他是这样说的：

> ……引发流行性（持久性）的最快方法是当怀疑论者在试图抑制谣言过

程中发挥积极作用时，这个过程，我把它称作“自动催化”。这是违反直觉的，因为自动催化的怀疑论应该抑制谣言……当怀疑论者试图阻止谣言进一步蔓延时，动力的实质从流行周期到地方性传播都发生了改变；怀疑论者的行动与他们最初的意图是相反的。（Noymer，2001）

换句话说，安德森（Anderson）和凯拉姆（Kellam）在他们关于信仰持续性的研究中这样说道：即使一个人面对的数据是反驳他的信仰的甚至是与那些信仰相抵触的，他也会继续坚持初心。牢记这一点，本书可能会达成与本意相反的目的——《解码教育神话》没有起到解码的作用！

我们是否能有所作为？

那些试图根除这些神话的人面临的问题是，它们实际上是一种很吸引人、
199 受欢迎且持久的伪科学。这种伪科学及其传播和实施危害了教育、教育系统的质量以及教育科学作为一门合法科学的可信性。带着对教育科学的尊重，人们通常会问：“教育科学实际上增添了什么使教育变得更好？”“如果那些教育科学家相互之间有分歧，那我们为什么还要洗耳恭听呢？”更糟糕的是，我们正进入一个危险的恶性循环：这些神话和都市传说日益司空见惯，将教育科学（以及同学习科学一起作为一个整体）描绘成一种晦涩难懂的巫术科学。这样的结果是使得有价值的想法和创造性思维从教育研究领域走向实践领域变得更难了。而最大的问题是：我们如何避免进入这个恶性循环？

在我们看来，这个问题只有一个答案：教育科学必须是依靠理论和理论的发展来推动，而不是依靠简单的观察和基于观察得出的推论。它们必须基于实验中获得“有力的实证数据”和“建立良好的实验方法”（即随机对照实验；真实的实验条件控制，可以在干预中对比实施；拥有足够大且具有代表性的受访者群体或样本，使之能够转化为实施决策；为效应量的代表性证明，而不是简单的显著性测量，等等），不是传说、夸大其词和方法论不合

理的研究（例如 Homo zappiens，Web 2.0，基于大脑的教学）。然后这些循证说明（evidence-informed）[请注意在这里不采用“基于证据（evidence-based）”这个概念，因为证据应该告知（inform）我们做出什么选择和决定] 的方法应该是缓慢但扎实地在生态效度上、在真实生活的情境中加以检验了的，此时的情境一定程度上控制了外部因素，并对所选方法的限制条件进行了处理。只有经过这样的检验之后，我们才能大规模开展实施。

基于证据：那是什么？

教育领域中基于证据的干预到底该怎么理解呢？“基于证据”这个词来自制药行业和医疗实践中。且不说在教育领域加以应用是否有伦理许可的问题（即在学校里给孩子学习的安慰剂，这是道德的吗？），我们来看一下 2006 年基于证据的方法在制药行业的实际花费：

◇每种新药最终投向市场需要花费 3.59 亿美元。

◇每 5000 种中有 5 种（0.1%）“阿司匹林”药物在临床前进行了 200
测试，然后进入Ⅱ期测试，并在人体上进行测试（99.9% 的可能的好的想法在达到这个阶段之前就被抛弃了）。

◇这 5 种药物中只有一种得到批准（因此，所有可能的新药中只有 0.02% 种能够进入市场）。

◇在 2005 年，美国制药公司花费了超过 380 亿美元的研发经费（《纽约时报》，2006 年 1 月 11 日）。

◇研究和开发大约占据了公司支出的 25%。

现在将其与在教育行业制造“新药”相比较。

研究不应该只是简单地发现“什么是有效的”；如同作者之一提及的耐克（Nike）公司的“勇往直前（*Just do it*）”的研究，但是应该将目标确定为为什么这种特定的方式是有效的，为什么其他方法在特定条件下对我们达到特定教育的特定目标是没有帮助的。在教育领域没有普世高招、万能灵药、一刀切的方法或者简单的答案，或者在任何其他复杂人类系统中，它都能够在所有条件下为所有人实现所有的目标。学习、教学和教育的复杂性需要在研究和理论中得到反映。这种理论的建构需要长期的努力，基于研究计划和研究人员、参与研究人员之间的合作，运用包括定性的、探索性的研究到大规模的随机对照实验等丰富多样的研究方法。这是一个从基于伪科学的、基于传说的教育走向以科学为基础的基于证据的教育，从前者向后者的转变需要大的飞跃。这种转变不是在研究对象和研究方法上的快速转变，它需要科学态度上的根本转变，正如基尔希纳和范梅里恩伯尔所说的。

揭秘手册

约翰·库克（John Cook）和斯蒂芬·莱万多夫斯基（Stephan Lewandowsky）在小册子《揭秘手册》（*The debunking handbook*）中这样说道：

揭秘神话是成问题的。除非非常小心，任何努力都可能在不经意间加强一个试图纠正的神话。避免这种“逆反效应”的有效揭秘需要三个主要的因素。第一，驳斥必须专注于核心事实而不是神话，以避免错误信息变得越来越熟悉。第二，任何一个神话提到之前应有明确的警告告
201 知读者即将到来的信息是假的。第三，驳斥应该包含一种替代性解释，解释原始错误信息中的重要特质。

资料来源：

Cook, J., & Lewandowsky, S. (2011). *The debunking handbook*. St. Lucia, Australia: University of Queensland <http://www.skepticalscience.com/docs/Debunking_Handbook.pdf>.

远离神话还是以讹传讹?

将事实从观念中分离出来不总是那么容易，首先要承认在过去我们也接受了很多荒诞的主张。但是如何确保你自己不被骗呢？保罗·托马斯（Paul Thomas）列出了几个窍门，可以帮助你在浏览教育的博客和研究结果中确定信息的可靠性。我们对这几条小贴士稍稍作了一些调整，以适应我们的教育语境。

◇是讨论相关性还是因果关系？这个错误屡见不鲜。相关性描述的是一种联系，但是博客或报告中却在讨论因果关系。就如，夏天出售冰激凌多并不会导致更多的人晒伤肩膀，即使实际上很多人确实在夏天既吃了冰激凌，也把肩膀晒伤了（如同我们假设所有瘾君子在他们小时候都喝牛奶一样）。

◇作者是客观的吗？作者是否是从他或她写作的视角来陈述观点的？作者是否一直强调他或她自己的客观性，这是需要质疑的。这个问题需要了解作者是否在攫取利益，例如促销自己的书或者推行某种教学、培训方法。

◇博客和报告讨论的到底是谁？这是另一个普遍的错误。如果某一所学校的方法很成功，它就会立即被询问为什么其他学校都不采用相同的方法。这就很容易忽略一个事实：教育是复杂的，有很多具有影响力的情境性因素需要考虑。学生的社会经济状况怎样？这个群体是同质的还是异质的？我们要回想一下开展国家间比较的合理性。很多主张的确已经在不同的情境中得到了测试，但是这种类型的元研究并没有使它们变得最受欢迎。

◇作者是否诚实地描述了他人的观点？托马斯写道，在美国，教育争论 202
经常极端化。如果你敢反对变革派，你就会被自然而然地认为反对教育变革（甚至是勒德分子①）。这个现象在世界的其他地方也十分普遍。我们必须承认在这本书的写作中，也担心有人会把我们划分到这个或那个“阵营”

①勒德分子指的是那些持有反机械化以及反自动化观点的人。——译者注

中（例如变革派对保守派）。在这个方面，我们追随格劳乔·马克斯（Groucho Marx），他曾经说过自己不想成为任何阵营的一分子。

◇作者是否给出证据，引用一些相关研究并且建立了若干联系？是否有大量的参考文献和致谢？这些研究、博客和新闻报道是否可以经受推理和实验的所有不同步骤？

里奇（Ritchie）、查德勒（Chudler）和德拉（Della）建议通过以下条目来评价观点的有效性。没有必要符合所有的检测，但是如果画钩的内容越多，观点的可信度就越高。

◇证据是否来自具有声誉的科学研究？不论多么有趣，逸事不是科学的证据，而且一组逸事也无法构成数据资料。

◇这项研究是否在同行评议的刊物上发表？同行评议包含这一领域的其他专家在研究内容发表前对其进行匿名审改，虽然这并不是完美的，但仍然是检查研究内容质量的最佳方式。

◇实验组样本足够大吗？在研究中，实验组的选择必须在人口学信息方面具有代表性；换句话说，实验组必须数量足够大并且随机选择。

◇是否具有对照组？这一点十分重要，目的是查明是否有其他不同的因素自然引起而不是特定的实验结果引起的变化（即干预因素）。如果你只使用实验组，很难百分之百确定究竟什么才是实验结果。

◇这是一个单盲实验还是双盲实验？最好是研究助理和研究对象都不知道哪个是测试组哪个是对照组。这会有助于限制“安慰剂效应”[1]，即即使是无效和低效的药物，药物和治疗的趋势都会显得有效果，这是因为接受者相信它会起作用。

203 ◇是否使用了正确的统计分析方法？现代研究人员大多会使用先进的统

①又称假药效应，指病人虽然获得无效的治疗，但却“预料”或“相信”治疗有效，而让病患症状得到舒缓的现象。——译者注

计技术从相关性数据中“揭示”因果性建议。

◇是否存在有效的统计显著性？约翰·哈蒂（John Hattie）认为具有教育价值的效果量至少应在0.4以上。他的理由是——我们这里只是转述一下大体意思——“成熟”这一因素（也就是说，在学校中年龄大一岁）的效果量为0.4。那么，效果量小于0.4的教育方法的实施效果就是存在问题的。

◇实验是否基于广泛认可的理论？如果研究与普遍认可的理论相矛盾，那么，这项研究是值得怀疑的。

◇是否具有利益冲突？作者是如何从研究中保持客观的？如果研究结果是积极的，谁是这个项目的投资人？

◇实验是否可以被重复操作？是否不同的研究员在重复实验中会获得相同的结果？

走向未来：神话在哪儿？

尼尔斯·博尔（Niels Bohr）曾经说过：“预言很难，尤其是关于未来。”在我们对三个依然存在大量神话的不同国家的学术研究中，我们从不心存幻想，但是它们会渗透到我们的教育体系中。我们究竟怎么能预测神话的到来呢？不要绝望！当我们根除原有的神话时，新的神话就会如雨后春笋般地出现！

当我们从一个新的专家那里听到一个新的主张，我们唯一能做的就是如丹尼尔·威林厄姆（Daniel Willingham）教给我们的以下四个步骤：

1. 去掉其包装，好好掂量一番。
2. 查明其来源。
3. 仔细加以分析。
4. 决定是否采纳。

通常情况是：如果听起来好得令人难以置信，很可能就不是真的。

参考资料：

[1] Anderson, C. A., & Kellam, K. L. (1992). Belief perseverance, biased assimilation, and covariation detection: The effects of hypothetical social theories and new data. *Personality and Social Psychology Bulletin*, *18*, 555–565.

[2] Bennett, B. (2012). *Logically fallacious: The ultimate collection of over 300 logical fallacies (Academic Edition)*. Sudbury, MA: eBookIt.com.

[3] Bennett, S., Maton, K., & Kervin, L. (2008). The “digital natives” debate: A critical review of the evidence. *British Journal of Educational Technology*, *39*, 775–786.

[4] Botelho, K. M. (2009). *Renaissance earwitnesses: Rumor and early modern masculinity.* New York: Palgrave Macmillan.

[5] Chatterji, M. (2005). Evidence on “what works” : An argument for extended-term mixed-method (ETMM) evaluation designs. *Educational Researcher*, *34*(5), 14–24.

[6] Cohen, S. (1973). *Folk devils and moral panics.* St Albans, UK: Paladin.

[7] Cook, J., & Lewandowsky, S. (2011). *The debunking handbook.* St. Lucia, Australia: University of Queensland. November 5. <http://www.skepticalscience.com/docs/Debunking _Handbook.pdf>.

[8] Hattie, J. (2009). *Visible learning: A synthesis of over 800 meta-analyses relating to achievement.* New York: Routledge.

[9] Kirschner, P. A., & van Merriënboer, J. J. G. (2013). Do learners really know best? Urban legends in education. *Educational Psychologist*, *48*(3), 1–15.

[10] Lipsey, M. W., & Wilson, D. B. (1993). The efficacy of psychological, educational and behavioral treatment: Confirmation from meta-analysis. *American Psychologist*, *48*, 1181–1209.

[11] Malinowski, B. K. (1954). *Magic, science, and religion and other essays.*

Garden City, NY : Doubleday Anchor Books.

[12] Manjoo, F. (2008). *True enough: Learning to live in a post-fact society.* Hoboken, NJ: John Wiley & Sons.

[13] McRobbie, A., & Thornton, S. L. (1995). Rethinking "moral panic" for multi-mediated social worlds. *British Journal of Sociology*, *46*, 559−574.

[14] Norman, G. (2003). The effectiveness and the effects of effect sizes. *Advances in Health Sciences Education*, *8*, 183−187.

[15] Noymer, A. (2001). The transmission and persistence of "urban legends" : Sociological application of age-structured epidemic models. *Journal of Mathematical Sociology*, *25*, 299−323.

[16] Olsen, D. R. (2004). The triumph of hope over experience in the search for "what works" : A response to Slavin. *Educational Researcher*, *33*(1), 24−26.

[17] Organisation for Economic Co-operation and Development (2001). *Measuring expenditure on health-related R&D*. Paris: OECD. Available at <http://browse. oecdbookshop.org/oecd/pdfs/free/9201061e.pdf>.

[18] Reinhart, A. L., Haring, S. H., Levin, J. R., Patall, E. A., & Robinson, D. H. (2013). Models of not-so-good behavior: Yet another way to squeeze causality and recommendations for practice out of correlational data. *Journal of Educational Psychology*, *105*: 241.

[19] Ritchie, S. J., Chudler, E. H., & Della, S. D. (2012). Don't try this at school: The attraction of "alternative" educational techniques. In S. Della Sala, & M. Anderson (Eds.), *Neuroscience in education*(pp. 222−229). Oxford: Oxford University Press.

[20] Thomas, P. (2011, September 18). Questions to ask when reading research and blogs on school reform and classroom practice. Retrieved from <http://larrycuban.wordpress.com/2011/09/18/questions-to-ask-when-reading-

research-and-blogs-paul-thomas/>.

[21] Weaver, K., Garcia, S. M., Schwarz, N., & Miller, D. T. (2007). Inferring the popularity of an opinion from its familiarity: A repetitive voice sounds like a chorus. *Journal of Personality and Social Psychology*, *92*, 821−833.

[22] Willingham, D. T. (2012). *When can you trust the experts? How to tell good science from bad in education.* San Francisco, CA: Jossey-Bass.

索引

（本索引页码系英文版页码。索引术语中的“*b*”代表各章中的方框，“*f*”代表各章中的图）

C

D

E

F

G

H

P

R

U

V

W

译后记

从 2016 年春节开始计划本书翻译工作以来，断断续续一年半之后，现在到了中秋节，终于可以提交书稿了，心里有一阵轻松感。

首先要说明的是，本书的主题引起了我们参与翻译的几位教师的共同兴趣。这可能是因为我们对教育科学的现状不甚满意，对社会上充斥着各种各样的教育神话感到苦恼，对推进教育发展充满期待等几种心态的交织。教育是生活的本身，学习是发展的杠杆。在互联网和信息社会日新月异的今天，期盼更好的教育，期盼教育有更加良性的发展，这是全社会的一种共识。作为教育理论工作者，解码教育神话，破除教育迷信，宣传教育科学，信仰教育真理，研究教育规律，优化教育实践，提高教育质量，推广教育经验，我们责无旁贷。

其次要提示的是，本书的内容较为广泛，涉及教育发展与政策、学生发展与学习心理、大脑神经科学研究、教育技术与互联网应用等话题。虽然本书是一本严肃而严谨的学术著作，但是写作上还是做到了轻松活泼，可读性比较强，不是一味板起面孔说道理。

最后要交代的是，本书的翻译也体现了交叉研究的特点。几位教师发挥个人的专业特长，利用浙江大学课程与学习科学系在课程、教学、学习与教育技术等学科领域交叉渗透的优势，完成了这一项有意义的工作。

“教育神话”是一种客观存在，在今后仍然会是挥之不去的东西。有些是以讹传讹的骗人谎言，有些则是有待完善的朴素见解，有些属于科学认识中的过渡观点。对待教育神话，我们虽不用慌张忙乱，但也需要提高识别、解码和破除的能力。我们希望本书会引起读者的共鸣，为推动我国教育事业健康发展出一份力。

本书翻译的主要分工是：何珊云翻译前言、献词、致谢、第一章和第六章，徐琴美翻译第二章（陈梦迪、金昊月、马煜曦同学协助翻译草稿），盛群力翻译第三章和索引（陆琦同学协助翻译草稿），李艳翻译第四章，屠莉娅翻译第五章。盛群力负责全书校对和统稿。

衷心感谢基尔希纳教授向我们推荐了本书，衷心感谢大象出版社编辑在联系版权和编辑书稿中付出的辛劳。

对本书翻译中出现的错漏，敬请读者批评指正。

盛群力

2017 年中秋节